Une collection d'histoires
intéressantes
pour les enfants
(Basé sur la pensée islamique)

Tous droits réservés

Une collection d'histoires intéressantes pour les enfants
(basé sur la pensée islamique)

Auteur	:	Arif Mahmud Kisana
Traducteur	:	Melle Tashiana Shamtally
Éditeur	:	Dr. Asuf Allymamod
Composition	:	Muhammad Shahzad Ansari
Conception de la couverture	:	Muhammad Shahzad Ansari
Publié	:	Juin 2018
Publié par	:	Kisana Books Stockholm, Suéde
Email	:	arifkisana@gmail.com
Website	:	www.afkaretaza.com
ISBN	:	**978-91-639-8087-9**

Ce livre est disponible sur www.amazon.com

DÉDICACE

À ma soeur unique, Tamsila Mutahir
Et
À tous les enfants qui m'ont motivé à écrire ce livre

CONTENU

REMERCIEMENTS

Le livre original a été publié en ourdou sous le titre *"Sabaq Amoz Kahanian"* par la National Book Foundation Islamabad, Pakistan. Le même livre a été publié sur Amazon intitulé *"Dilchasp aur Anokhi Kahanian"*.

Après la publication de ces histoires, il y avait un désir brûlant de faire traduire ce travail en francais afin que les enfants qui ne savent pas lire l'ourdou puissent comprendre ces histoires. Heureusement, Melle Tashiana Shamtally et Dr. Asuf Allymamod ont pris cette responsabilité solennelle et ont achevé ce projet de traduction en francais dans les plus brefs délais. Je peux vraiment dire que l'achèvement de la traduction en francais du livre en ourdou a présenté un grand défi et que cela n'a été possible qu'avec le travail acharné et l'engagement de Melle Tashiana Shamtally et Dr. Asuf Allymamod. J'espère que les enfants trouveront ce livre intéressant et utile pour donner des réponses claires à leurs questions concernant l'Islam.

INTRODUCTION

Chers enfants, ce livre répond à toutes les questions que vous avez en tête concernant le côté pratique de l'Islam. J'ai essayé de répondre à vos questions d'une manière simple mais intéressante qui, je l'espère, vous permettra non seulement de comprendre l'Islam, mais aussi d'en lire davantage.

Il est naturel que les enfants soient curieux de connaître leur religion et de savoir pourquoi on s'attend à ce qu'ils respectent une certaine foi. Les questions peuvent être simples mais les réponses ne le sont parfois pas et il est la responsabilité des adultes de satisfaire la curiosité des enfants d'une manière qui ne laisse aucune ambiguïté dans leur esprit quant à l'intégrité de leur foi.

Le but et l'objectif de publier ce livre est de guider les jeunes en général, et les jeunes musulman en particulier, de sorte qu'ils deviennent de bons citoyens, patriotes et respectables.

Il est à espérer que ce livre sera un ajout précieux à la littérature pour les enfants et qu'ils pourront en tirer des conseils. On espère également que ce livre fournira des informations de base sur l'islam aux enfants qui peuvent avoir des doutes et des imprécisions sur la foi qu'ils suivent et qui sont capables d'accepter l'islam avec une sincérité totale et sans aucune pression.

Je voudrais remercier Son Excellence Muhammad Tariq Zameer (Ambassadeur du Pakistan en Suède et en Finlande) qui m'a donné de précieux conseils pour la publication de ce livre. Je voudrais zégalement remercier M. Sharif Baqa (Président, Majlis-e-Iqbal, Londres), M. Nasr Malik (Rédacteur, Urdu Humasr, Danemark), M. Shahzad Ansari (Suède), M. Sheraz Akhtar (Norvège) , M. Owais Jafrey (Seattle, WA, USA) et tous les autres qui m'ont aidé dans la publication de ce livre. Je voudrais particulièrement remercier ma seule soeur Mme Tamsila Mutahir qui m'a encouragé à écrire ce livre. Et un grand merci à tous les enfants qui m'ont motivé à écrire ce livre.

Un merci spécial à Mme Muniza Tariq pour la traduction du livre ourdou en anglais.

Je peux vraiment dire que l'achèvement de la traduction du livre en ourdou en français a présenté un grand défi et que cela n'a été possible qu'avec le travail acharné et l'engagement de Dr. Asuf Allymamod.

Chers enfants, S'il vous plaît donnez-moi votre avis sur ce livre et s'il y a autre chose que vous voulez que j'écrive, alors n'hésitez pas à m'écrire pour que dans ma prochaine publication je garde cela à l'esprit. Vous pouvez me contacter par email sur *arifkisana@gmail.com*

Arif Mahmud Kisana
Stockholm, Sweden

PRÉFACE

Depuis que l'Univers a été créé, l'homme s'est intéressé à raconter et à écouter des histoires. Même Allah a raconté des histoires dans ses Écritures à propos de divers prophètes afin de guider l'humanité vers le droit chemin. Gardant ce point de vue à l'esprit, M. Arif Kisana a également écrit quelques histoires pour les enfants afin que leur vie puisse prendre la bonne direction.

Afin de rendre intéressante une histoire avec une morale, il est important que l'intrigue de l'histoire soit si intéressante et captivante qu'elle attire l'attention du lecteur tout en ayant un style simple et narratif qui la rend facile et compréhensible. M. Kisana a réussi à intégrer les deux qualités dans ses écrits.

Malheureusement, la plupart des érudits islamiques n'écrivent pas assez de livres pour nos jeunes vivant en Occident. Si nous voulons que nos jeunes restent en contact avec nos traditions littéraires, nous devrons faire des efforts concertés pour établir ce lien afin qu'ils puissent être des phares pour les générations futures.

Il est gratifiant de voir M. Kisana proposer un livre spécialement conçu pour conseiller nos jeunes selon les principes islamiques. Les histoires sont courtes et intéressantes et l'on espère qu'elles serviront le but pour lequel elles ont été écrites.

Muhammad Sharif Baqa

Président Majlis e Iqbal, Londres

AVANT-PROPOS

Créer des histoires pour les enfants est un exploit car l'auteur doit non seulement garder à l'esprit la perspective des enfants, mais aussi rendre les histoires intéressantes et instructives. C'est un défi parce qu'à l'ère moderne, les livres doivent rivaliser avec l'internet, ce qui offre une gamme de divertissements beaucoup plus étendue. On peut ressentir le besoin d'une littérature de grande qualité et fascinante pour les enfants vivant en Occident afin qu'ils puissent comprendre le sens de leur existence d'une manière qui ne semble pas forcée. M. Kisana, qui vit en Suède depuis plus de 20 ans, a ressenti ce besoin et a crée des histoires très engageantes avec l'idée de familiariser les jeunes musulmans avec les traditions islamiques.

J'espère que la création de M. Kisana servira de catalyseur pour lier notre jeunesse à notre héritage islamique.

Tariq Zameer
Ambassadeur du Pakistan en Suéde et en Finlande

FORMATION RELIGIEUSE ET DEVELOPPEMENT COGNITIF DES ENFANTS

Notre dilemme, tout en vivant en Europe, est que nos enfants sont déconnectés de leur héritage islamique. Ce qui leur est enseigné à l'école est souvent en conflit avec ce qu'on leur enseigne à la maison et, par conséquent, il y a confusion dans leur esprit au sujet de ce qui est bien et de ce qui ne va pas. Ils ont des questions auxquelles il n'y a pas de réponses satisfaisantes. Dans des situations comme celles-ci, même les parents sont parfois incapables d'expliquer pleinement les raisons d'une certaine croyance qu'ils suivent.

Non seulement en Europe, mais aussi pour les parents vivant au Pakistan, c'est une source d'inquiétude sur la façon d'élever leurs enfants de manière à ce qu'ils puissent avoir une influence positive sur la société dans laquelle ils vivent.

Nous sommes chanceux que M. Kisana ait été perspicace concernant ce besoin et ait écrit des histoires pour les enfants basées sur la pensée islamique qui répondront à certaines, sinon à la plupart, des questions surgissant dans leurs esprits jeunes et impressionnables.

Il n'est pas facile d'écrire des histoires éthiques pour les enfants, mais M. Kisana a réussi à le faire. Les histoires ont été écrites dans un style simple mais intéressant qui est sûr d'attirer l'attention des lecteurs et de les garder impliqués.

J'espère que les enfants prendront plaisir à lire ces histoires et s'ils sont trop jeunes pour les lire, les parents les liront pour eux. J'espère aussi que la morale de ces histoires contribuera à faire des lecteurs un meilleur musulman.

Nasar Malik
Ancien rédacteur Urdu Service,
Danish National Broadcast Corporation, Danemark

IMPORTANCE DE L'ÉDUCATION ISLAMIQUE ET DES MANIÈRES POUR LES ENFANTS

La lecture de ces histoires engageantes m'a ramené à l'âge d'or où l'Europe occidentale était intellectuellement arriérée et stagnante, alors que la science islamique prospérait dans toutes les directions englobant la littérature, l'art, les sciences naturelles et rationnelles. Au début de l'histoire de l'Islam, l'éducation reflétait la croyance selon laquelle élever des enfants selon des principes corrects était une obligation pour les parents et la société. L'Islam, dès sa création a placé une haute prime sur l'éducation. La connaissance ('ilm'), attestée par la première révélation, occupe une place importante dans l'Islam. Il y a d'innombrables injonctions dans le Saint Coran comme "Allah exaltera ceux d'entre vous qui croyez et ceux qui ont des connaissances à des degrés élevés" (58:11), "O mon Seigneur! Augmente-moi dans la connaissance "(20: 114) et" Comme Allah l'a enseigné, qu'il l'écrive"(2: 282). Ces versets et d'autres similaires fournissent un stimulant puissant aux croyants pour qu'ils luttent pour l'éducation et l'apprentissage.

Le mot arabe le plus couramment utilisé pour l'éducation est ta'leem, qui signifie connaître, percevoir, apprendre et rechercher la conscience par l'enseignement. Ta'leem a deux autres intégrants. L'un est Tarbiyah, ce qui signifie d'augmenter et de grandir. Cela implique un état de développement spirituel et éthique conforme à la volonté d'Allah. Enfin, c'est Ta'deeb, qui signifie être cultivé, raffiné et bien élevé. Ceci suggère le développement d'un comportement social sain d'une personne conditionné par une compréhension plus profonde du concept islamique de l'être humain. L'éducation couvre ainsi une croissance équilibrée d'une personne dans des dimensions rationnelles, spirituelles et sociales.

Le premier établissement d'enseignement auquel un enfant participe est celui des parents. La recherche neurologique montre que les premières années jouent un rôle clé dans le développement du cerveau de l'enfant. Les liens que les enfants forment avec leurs parents sont leurs premières expériences d'apprentissage, qui affectent profondément leurs futurs développements cognitifs, émotionnels, physiques et sociaux. Optimiser les premières années de la vie des enfants est le meilleur investissement que les parents peuvent faire pour assurer leur succès futur.

L'éducation des enfants est un grand défi dans les pays où les enfants musulmans sont exposés à une culture fondamentalement différente de la culture islamique. Pour relever un tel défi, les parents sont tenus de s'acquitter de leur responsabilité de donner une éducation religieuse à des doses proportionnelles à l'âge de leur progéniture. Des histoires engageantes et captivantes écrites en langage simple par Arif Mahmud Kisana, un écrivain polyvalent et éminent, ne captiveront pas seulement l'attention des enfants, mais susciteront aussi leur curiosité et, à leur tour, ils en apprendront davantage. Je suis certain que ce sera aussi un rappel pour les parents. Cela me fait énormément plaisir d'apprendre que ces histoires sont traduites dans d'autres langues européenes. Nous espérons que les enfants d'aujourd'hui, les leaders de demain dotés de connaissances et de sagesse, retrouveront l'âge d'or non seulement pour l'Europe mais pour le monde entier. Puisse Allah le Tout-Puissant récompenser l'auteur pour une si noble entreprise. Ameen!

M. Owais Jafery
Seattle, WA. U.S.A

A PROPOS DE L'AUTEUR:

Arif Mahmud Kisana est un chercheur médical à plein temps basé à Stockholm et un journaliste à temps partiel. Il vit en Suède depuis 1995. Il écrit des articles et des blogs dans divers journaux et revues. Les sujets vont de l'histoire islamique aux changements sociaux, de la science à la philosophie d'Iqbal.

Arif Kisana a également activement représenté la communauté pakistanaise et cachemirienne en Scandinavie au cours des deux dernières décennies et est membre de l'Association de la presse étrangère, en Suède. Il est également le fondateur du "Stockholm Study Centre" qui se réunit tous les mois pour discuter des solutions aux problèmes sociaux à la lumière du Coran et de la Sunnah du Prophète Muhammad (que la paix soit sur lui).

La recherche médicale est son métier, écrivant sur les questions sociales son passe-temps et l'étude d'Iqbal sa passion.

Sa collection d'articles et de colonnes Afkaar-e-Taaza a déjà été publiée. Une collection d'histoires intéressantes pour les enfants est sa deuxième publication. Il prévoit également de publier bientôt une collection d'histoires intéressantes pour les enfants II. Il travaille également sur Iqbal et Dag Hammarskjold (Une étude comparative?), Sada-e-Hurriyet (Mouvement du Cachemire et du Cachemire), Le pays du soleil de minuit (Suède et Europe du Nord) et Awaz-e Arif (une collection d'essais).

POURQUOI SOMMES-NOUS MUSULMANS?

Chers enfants, vous savez peut-être que Londres est la capitale de l'Angleterre et la plus grande ville d'Europe. Il y a beaucoup de choses intéressantes à faire et des endroits merveilleux à visiter à Londres. Au cœur de cette ville fascinante vit une gentille petite fille appelée Alisha. Alisha vit avec sa mère, son père et ses deux soeurs. Tous vivent heureux ensemble. Alisha est la plus âgée et va à l'école tandis que ses jeunes soeurs Areeba et Inaya sont trop jeunes pour aller à l'école, donc elles passent leurs journées à jouer à la maison.

Ils vivent dans une jolie maison pas très loin de l'école d'Alisha. Près de leur maison se trouve un parc où les enfants vont souvent avec leurs parents et s'amusent beaucoup sur les balançoires et les toboggans.

Alisha se tourna vers sa mère et demanda: "Maman, pourquoi sommes-nous musulmans?" Sa mère fit une pause pendant un moment et dit: "Nous sommes nés dans une famille musulmane, c'est pourquoi nous sommes musulmans."

Alisha y réfléchit un moment et demanda: "Qui est musulman et comment les musulmans sont-ils différents des non-musulmans?"

La mère d'Alisha a souri et a expliqué: "L'univers entier est créé par Allah. Cette belle terre, ce ciel bleu, les mers bleues, les hautes montagnes, les océans profonds, les vallées verdoyantes, le soleil, la lune et les étoiles, tous. Allah a également créé des êtres humains et il nous a donné quelques lignes directrices à nous les êtres humains et nous sommes censés vivre nos vies selon ces directives. Cet ensemble de règles ou de directives est connu sous le nom d'Islam. Ceux qui suivent ces règles sont appelés Musulmans et ceux qui ne le sont pas ne sont pas musulmans."

Alisha réfléchit un moment puis demanda: "Comment savons-nous ces règles?"

"Toutes ces règles ou lois nous sont expliquées dans le Saint Coran", a déclaré la mère d'Alisha.

Areeba, qui jusqu'à présent écoutait tranquillement sa mère et sa sœur, s'est intéressée à la conversation et a exhorté sa mère à lui en dire plus sur ces «lois». Leur mère a expliqué que ces lois visaient à protéger ou à protéger les intérêts des gens et que les gens étaient tenus de respecter ces lois.

"Rappelez-vous il y a quelques jours nous avons été témoins d'un accident où deux voitures se sont écrasées l'une dans l'autre?" Demanda Maman.

"Bien sur que oui. L'un était une voiture rouge et l'autre bleu." Ajouta Alisha. Elle se souvenait clairement de l'incident parce que c'était la première fois qu'elle voyait une collision entre deux voitures.

"Oui, c'est ça. Dieu merci, personne n'a été gravement blessé. Vous souvenez-vous aussi que peu de temps après l'accident, la police est arrivée et elle a infligé une amende à l'homme qui conduisait la voiture rouge parce qu'il avait enfreint la loi sur la circulation en conduisant du mauvais côté de la route?"

"Oui, je me souviens et le conducteur de la voiture bleue n'a pas été condamné à une amende parce qu'il suivait les codes de la route et conduisait de son côté de la route", a déclaré Alisha.

"C'est vrai. Donc, vous voyez comme les gens ont fait des lois sur la façon de conduire en toute sécurité afin qu'il n'y ait pas d'accidents, Allah a également fait certaines lois afin qu'aucun être humain ne se

blesse. Si tout le monde suit ces lois, il n'y aura pas d'accidents et personne ne sera blessé."

"Pouvez-vous me donner un exemple des lois d'Allah?" Demanda Alisha.

"Bien sûr. Souvenez-vous il y a quelques jours que votre cousin Nasir s'est brûlé la main parce qu'il jouait avec la flamme de la bougie. Maintenant, c'est une loi faite par Allah que le feu brûlera. Donc si quelqu'un met sa main dans le feu, alors il finira par se brûler ou se faire du mal. "

"Alors Nasir a été puni pour avoir enfreint la loi d'Allah en mettant sa main sur la bougie?"

"Oui, malgré les avertissements de son père de ne pas le faire." Expliqua la mère d'Alisha.

"De même, il y a d'autres lois faites par Allah et ceux qui les suivront seront en sécurité et ceux qui ne veulent pas se blesser ou blesser les autres. Suivre cet ensemble de règles est en fait l'Islam parce que l'Islam signifie l'obéissance.

"Toutes ces lois sont-elles données dans le Saint Coran?" Demande Alisha.

"Oui, ils sont tous expliqués dans le Saint Coran, c'est pourquoi nous devrions tous lire le Saint Coran pour apprendre ces lois et les suivre afin que nous ne nous blessions pas nous-mêmes ou les autres." Dit la mère d'Alisha.

Il commençait à faire nuit maintenant et Inaya était fatiguée et agitée, alors ils ont tous décidé de rentrer à la maison.

Alisha a fait un gros câlin à sa mère et a dit: "Merci maman d'expliquer qui est un musulman et je promets que je lirai le Saint Coran pour tout savoir sur ces lois et essayer d'être un bon musulman pour que je ne sois pas blessée ou pour ne pas blesser les autres."

QU'EST-CE QUE LA FOI?

Un jour, le père d'Alisha était assis à la maison et sirotait du thé quand la mère d'Alisha se précipita dans la pièce en panique et dit: "Peux-tu aller chercher Alisha à l'école alors que je viens de recevoir un appel de l'école?"

Le père d'Alisha se leva immédiatement en oubliant son thé et ramassa les clés de la voiture.

"Sur le chemin du retour, peux-tu aussi l'emmener chez le docteur?" Demanda la mère d'Alisha.

"Bien sûr. Ne t'inquiète pas," assura le père d'Alisha.

À l'école, le père d'Alisha a trouvé Alisha plié de douleur et de pleurs. L'infirmière de l'école essayait de l'apaiser. Il l'a immédiatement relevée et l'a emmenée chez le médecin.

Le médecin a examiné Alisha et lui a posé les questions habituelles sur ce qu'elle avait mangé etc. et lui a prescrit des médicaments.

Alisha a demandé au docteur si elle se sentirait mieux le soir si elle prenait les médicaments.

"Bien sûr, ça ira si tu prends le médicament selon mes instructions... un maintenant et l'autre après 4 heures", a assuré le médecin.

Le soir, Alisha se sentait beaucoup mieux après seulement deux doses du médicament prises selon les instructions du médecin.

"Papa, le docteur est vraiment bon car je me sens beaucoup mieux maintenant ... les médicaments qu'il m'a donnés ont travaillé leur magie sur moi. N'est-il pas merveilleux que nous ayons des médecins et qu'il existe des médicaments qui peuvent soulager la douleur? Puis-je aller à l'école demain?"

Le père d'Alisha a dit qu'elle le pouvait si la douleur ne revenait pas.

"Papa, si je n'avais pas pris les médicaments que le docteur m'a demandés et de la façon dont il me l'a dit, aurais-je encore mal?"

"Oui, chaque fois que quelqu'un souffre ou a une maladie, il doit consulter un médecin, puis suivre les instructions du médecin et prendre les médicaments nécessaires. C'est aussi une règle, nous croyons que faire certaines choses d'une certaine manière arrêtera la douleur ou guérira la maladie. Les gens ont découvert ces choses par la connaissance qu'Allah leur a donnée et nous avons foi en cette connaissance", a expliqué le père d'Alisha.

"Foi? Qu'est-ce que c'est? "Demanda Alisha.

"Et c'est reparti! Tu poses trop de questions," taquina le père d'Alisha. "Mais j'apprécie cela parce que poser des questions est un signe de l'intelligence et on peut apprendre beaucoup de choses en étant curieux à leur sujet."

"Laissez-moi illustrer ce que la foi est en vous donnant un exemple. Imaginez quelqu'un qui n'a rien mangé depuis des jours... il est extrêmement affamé et faible et... soudain quelqu'un lui offre son plat préféré... que va-t-il faire?

"Il va le dévorer!" Dit Alisha.

"Mais avant même d'avoir pris une bouchée, le cuisinier se précipite à l'intérieur et lui dit qu'il a accidentellement mis du poison dans le plat au lieu du sel. Le mangerait-il encore? Demanda le père d'Alisha.

"Non, il ne le fera pas parce que s'il le fait il mourra", a déclaré Alisha.

"Exactement! Personne, peu importe sa faim, ne mangera jamais de la nourriture qui a été empoisonnée parce qu'il croit que s'il mange, il mourra. De même, c'est notre «croyance» que si nous violons les lois de la nature ou les règles établies par Allah, nous serons en perte. Cette croyance dans les lois d'Allah est appelée Foi et quiconque croit en eux et agit selon eux s'appelle un Momin. Un Momin ne se blesse jamais ni lui ni les autres parce qu'il suit les règles établies par Allah. "

"Alors c'est important d'avoir la foi?" Demanda Alisha.

"Absolument! Croire aux lois d'Allah et les suivre signifie ne pas nous faire du mal ou faire du mal aux autres. Les gens, qu'ils soient musulmans ou non, devraient se sentir en sécurité en compagnie d'un Momin. Un Momin ou un disciple des lois d'Allah est une source de bénédiction et de bonheur pour les autres. Croire en les lois d'Allah est la base de la foi. Tout comme nous avons la foi que les médicaments nous soulageront de notre douleur, nous devrions avoir la foi que suivre les lois d'Allah nous apportera la sécurité et le bonheur."

"Cela signifie que nous devrions croire aux lois d'Allah et les suivre afin que nous ne nous nuisions pas nous-mêmes et les autres", a demandé Alisha.

"Exactement! Cela signifie que vous avez compris ce qu'est la foi. Je sais que tu es une fille intelligente. Maintenant je peux voir que tu te sens somnolent ... ça doit être les médicaments. Je peux vous en dire plus sur Faith un autre jour mais maintenant tu as besoin de repos et de sommeil si tu ne veux pas manquer l'école demain."

"Merci papa de m'avoir ramené de l'école aujourd'hui et de m'avoir emmené chez le docteur", dit Alisha en bâillant.

Le père d'Alisha l'embrassa et la mit dans son lit et Alisha s'endormit lentement et profondément.

DIFFERENCE ENTRE LES LOIS HUMAINES ET LES LOIS DE LA NATURE

"Maman, j'ai très faim. S'il te plaît, donne-moi quelque chose à manger!" Cria Alisha à son retour de l'école.

"Tu devez dire Assalamu Alaikum d'abord quand tu entres dans la maison, tu dois d'abord te laver les mains et le visage et ensuite demander poliment quelque chose à manger", a déclaré sa mère.

"Je suis désolé maman mais j'ai tellement faim aujourd'hui que j'ai oublié de te saluer. Peux-tu me préparer un sandwich pendant que je me lave les mains et le visage? Demanda Alisha.

"J'ai préparé du riz et des légumes pour toi, tu peux l'avoir si tu as très faim parce que faire un sandwich prendra du temps."

Alisha avait tellement faim qu'elle n'a pas protesté. Elle appréciait tellement le riz qu'elle remercia sa mère pour l'avoir fait et a également remercié Allah pour leur avoir donné une telle nourriture délicieuse.

Alisha a dit "Maman, j'ai raconté à mes amis ce que tu m'as dit l'autre jour dans le parc et un de mes amis Laiba veut savoir si seuls ceux qui sont nés dans une famille musulmane peuvent être musulmans et ceux qui ne le sont pas être musulman?"

"Laiba a posé une question très sensée. Il n'est pas nécessaire d'être né dans une famille musulmane pour être musulman, mais quiconque lit le Coran et accepte ce qui y est écrit et est prêt à le suivre peut être musulman", expliqua la mère d'Alisha.

"L'autre jour vous avez aussi parlé des lois faites par les gens et des lois faites par Allah. Si elles sont toutes les lois alors quelle est la différence entre elles. Je veux dire comment les lois artificielles sont-elles différentes des lois de la nature?" Demanda Alisha.

"Tu te souviens que je t'ai donné deux exemples pour expliquer. L'un c'est l'accident de deux voitures et l'autre de Nasir qui se brûle la main. Dans le premier exemple si le policier n'avait pas été là le conducteur du véhicule rouge après avoir frappé la voiture bleue pourrait avoir simplement disparaître ainsi évitant la punition mais dans le deuxième exemple Nasir se serait brûlé la main même si quelqu'un le regardait ou non. En d'autres termes, Nasir aurait été «puni» pour avoir enfreint la loi d'Allah même s'il était seul. Si vous enfreignez une loi faite par des gens alors il y a une possibilité que vous puissiez éviter d'être puni mais ce n'est pas le cas avec les lois d'Allah. Si vous transgressez la loi d'Allah, vous serez puni pour cela. C'est la différence entre les lois d'Allah et les lois faites par les gens", a expliqué la mère d'Alisha.

"Il y a deux autres différences entre eux", poursuivi la mère d'Alisha: "On peut faire des changements dans les lois faites par les gens, mais les lois d'Allah ne peuvent jamais être changées."

"Vraiment? Comment et pourquoi est-ce?" Demanda Alisha.

"Les gens font et modifient leurs lois en fonction de l'évolution des besoins des gens et des temps, par exemple en Suède et dans d'autres pays les voitures étaient utilisées sur le côté gauche de la route mais cette règle a été changée et les gens maintenant conduisent sur le côté droit de la route. Les gouvernements établissent souvent de nouvelles règles et apportent des modifications aux règles existantes afin de répondre aux besoins changeants des personnes et du temps. Cependant, les lois de la nature ne changent jamais... elles restent les mêmes et il n'est pas possible de les modifier. Le feu brûlera tout ce qui se trouve son passage parce qu'Allah a donné cette qualité au feu... il a brûlé des choses il y a mille ans et il brûlera des choses un millier d'années plus tard aussi. C'est la nature du feu et cela ne peut pas être changé."

"Je vois et quelle est l'autre différence?" Demanda Alisha.

"L'autre différence est que les lois artificielles sont ou peuvent être différentes dans différents endroits, par exemple en Suède, en Allemagne, en Italie et en Chine la loi est de conduire sur le côté droit de la route alors qu'en Angleterre, au Japon, au Pakistan et en Australie, la loi exige que les gens conduisent leur voiture sur le côté gauche de la route. Il y a d'autres lois qui ne sont pas les mêmes pour tout le monde."

"C'est intéressant mais les lois d'Allah sont-elles les mêmes pour tout le monde?"

"Oh oui ils le sont. Le feu brûlera tout le monde n'importe où et à chaque fois si on y met la main. Si un pakistanais vivant en Suède met sa main dans le feu, il le brûlera. De même, musulman ou pas, si quelqu'un met sa main au feu, sa main sera également brûlée. Qu'il soit musulman ou non musulman, jeune ou vieux, homme ou femme, les lois de la nature s'appliquent à tous. C'est pourquoi nous devons croire aux lois faites par Allah et les mettre en pratique. C'est en fait l'Islam."

"C'était tellement fascinant. Merci de m'avoir dit tout ça. Maintenant, je vais en parler à mes amies. Je suis sûr qu'ils trouveront aussi que c'est très instructif", a déclaré Alisha.

"J'espere. Maintenant, monte dans ta chambre et fais tes devoirs. Après ça je te donnerai ta glace préférée pour m'avoir écouté si patiemment." Sourit la mère d'Alisha.

QUELLES SONT LES CHOSES SUR LESQUELLES NOUS DEVONS AVOIR LA FOI?

Tehreem, Shahir et Maheen étaient très excités parce que leurs cousins Haris et Rukhsar du Pakistan passaient leurs vacances d'été avec eux. Chaque jour, ils sortaient et exploraient quelque chose de nouveau. Ils ont decidé de visiter le musée de cire de Madame Tussauds, le palais de Buckingham, le musée d'histoire naturelle, le zoo et le London Eye. Aujourd'hui, le père des enfants allait les emmener tous voir le London Eye, également connu sous le nom de Millennium Wheel, qui est une grande roue géante sur la rive sud de la Tamise à Londres.

Haris qui n'avait jamais été sur la grande roue auparavant, demanda alors à son oncle, "Pourquoi cette roue s'appelle-t-elle London Eye?"

"On l'appelle le London Eye parce que quand la roue monte, on peut avoir une vue de tout Londres. Tout comme on voit de ses propres yeux, on peut voir Londres à travers cet 'œil'."

"N'est-ce pas effrayant?" Haris semblait un peu effrayé.

Son oncle a ri et l'a assuré que la capsule dans laquelle on s'assoit est très sûre et fermée de tous les côtés. Il se déplace très lentement afin que l'on puisse avoir une très bonne vue en remontant.

Haris est maintenant devenu très enthousiaste au sujet de la promenade au London Eye.

Le lendemain ils ont tous pris le métro pour se rendre au London Eye. Haris et Rukhsar étaient étonnés de voir une grande roue et avaient un peu peur d'y monter mais une fois qu'ils étaient sur le pont, ils se sentaient en sécurité.

La vue sur Londres depuis le London Eye était à couper le souffle!

Après avoir passé une journée le long de la Tamise, les enfants étaient tous très fatigues. Àpres avoir rentré a la maison, les enfants ont pris leur dîner et ont commencé a discuter entre eux. Le père de Tehreem s'est aussi assis avec les enfants. Tehreem a dit à ses cousins que son père lui avait dit des choses intéressantes au sujet de l'Islam. Haris et Rukhsar ont donc demandé à leur oncle de leur reconter quelque chose d'intéressant aussi.

"J'ai promis à Tehreem, Shahir et Maheen de leur parler des choses sure lesquelles un musulman doit avoir confiance, donc si vous êtes intéressé et pas trop fatigué, je peux vous en parler maintenant."

"Oh oui mon oncle, s'il vous plaît, parlez-nous d'eux", a insisté Haris.

"Comme vous le savez déjà, la foi est quelque chose en laquelle vous croyez de tout votre cœur. Il n'y a aucun doute dans votre esprit à propos de la vérité. Dans l'Islam, il y a cinq choses sur lesquelles nous devons avoir foi, sinon nous ne pouvons pas être musulmans."

"Quelles sont ces cinq choses, mon oncle?" Demanda Rukhsar.

"Le premier et le plus important est le Tawhid ce qui veut dire croire en un seul Dieu. Le second est de croire aux messagers d'Allah, le troisième est de croire aux écritures divines, le quatrième est de croire aux anges et le cinquième est de croire en l'au-delà. Ces cinq éléments sont également appelés les Articles de Foi."

"Faut-il croire en tous les cinq pour être musulman ou peut-on encore être musulman si on ne croit pas en un ou deux d'entre eux?" Demande Rukhsar.

"Tout comme vous avez besoin d'un mot de passe pour accéder à votre compte e-mail ou Facebook et si même une lettre ou un chiffre de votre mot de passe est manquant ou incorrect, votre compte ne s'ouvrira pas. Alors vous devez croire tous les cinq pour être musulman. Si tu ne crois pas à l'un d'entre eux, tu ne seras pas musulman." Expliqua l'oncle de Rukhsar.

"Donc, d'une certaine façon, croire en ces cinq points équivaut à avoir un mot de passe qui vous permettra d'entrer dans l'Islam?" A demandé Haris.

"C'est vrai. Tu es un garçon très intelligent, Haris."

"Papa, tu as dit que croire en un seul Dieu s'appelle Tawhid. Qu'est-ce que cela implique?" Demanda Shahir, qui jusqu'à maintenant était assis très tranquillement.

"Croire en un seul Dieu implique que nous prions seulement Lui et personne d'autre. Nous faisons seulement des choses qui Lui plairont. Avoir une ferme conviction qu'il n'y a qu'Allah qui contrôle tout est ce qu'est Tawhid."

"Et qu'entend-on par croire aux messagers d'Allah?" Demanda Maheen qui ne voulait pas être exclue de la discussion.

"Parce qu'Allah ne communique pas directement avec les gens, Il nomme certaines personnes qui transmettent Son message à tous les autres. Les gens qu'Allah choisit pour transmettre son message s'appellent Rasool ou ses messagers comme notre Prophète Muhammad, Ibrahim, Jésus et Moïse. Un Musulman doit croire que tout ce que nous racontent les Rasools vient réellement d'Allah Lui-même et nous devons croire en eux et les suivre."

Shahir dit: "Ainsi, il y a quatre messagers et ils sont Muhammad, Ibrahim, Moosa et Eesa (la paix soit sur chacun d'eux.)"

"Merci d'avoir posé une question aussi intéressante. En effet, comme nous l'a dit notre cher Prophète Muhammad (que la paix soit sur lui), Allah a envoyé cent vingt-quatre mille prophètes pour guider l'humanité et tous étaient musulmans et ils ont tous enseigné l'Islam. Les noms de 25 des prophètes les plus célèbres sont mentionnés dans le Saint Coran. Ce sont les Prophètes qui ont reçu des révélations qui sont appelées des messagers, dont j'avais parlé plus tôt."

"Et c'est quoi les Ecritures Divines?" Demanda Tehreem.

"Ce sont les Livres Saints qu'Allah a révélés à certains de Ses Prophètes comme le Coran qui a été révélé au Prophète Muhammad (que la paix soit sur lui) et Tawrat (Torah) à Musa (Moïse), l'Injil (Evangile) à Isa (Jésus), le Zubur (Psaumes) au Prophète Dawud (David). Le Saint Coran mentionne aussi Suhuf-i-Ibrahim, rouleaux qui ont été révélés au Prophète Ibrahim. L'idée de ces Écritures est de garder la religion à l'abri de la corruption et de la distorsion de sorte qu'après la mort des Prophètes, les gens puissent les lire et guider la population. Tout ce qui est écrit en eux est en fait les paroles d'Allah et nous devons y croire."

Au fil du temps, les gens ont apporté des changements dans les Écritures et les messages originaux d'Allah ont été perdus. C'est seulement le Saint Coran, qui est sûr et Allah dit dans le Saint Coran que "Il l'a révélé et Il le protégera et le protégera des changements." Toutes les copies du Saint Coran écrites et publiées depuis qu'il a été révélé au Prophète Muhammad (paix soit sur lui) il y a des siècles, et sera publié jusqu'à l'éternité sera identique et ne sera jamais changé."

"Pourquoi devrions-nous croire aux anges quand nous ne pouvons pas les voir?" Haris voulait savoir.

"Il est important de croire aux anges parce qu'ils exécutent les commandements d'Allah. Nous ne les voyons pas mais ils peuvent nous voir."

"Et qu'est-ce que l'au-delà?" Demanda Rukhsar.

"Akhirat ou l'au-delà est la vie éternelle qui commencera après notre séjour temporaire dans celui-ci ou en d'autres termes après notre mort. Dans l'au-delà, selon ses actes dans ce monde, Allah décidera qui ira au paradis et qui ira en enfer. En d'autres mots, Allah récompensera ceux qui ont fait des bonnes actions dans ce monde en les envoyant au paradis et en punissant ceux qui ne l'ont pas fait en les mettant en enfer."

"Je ne veux pas aller en enfer", a déclaré Haris.

"Alors tu dois être un bon garçon et ne m'ennuie jamais." Dit sa soeur.

Tout le monde, y compris l'oncle et la tante de Haris ont apprécié le commentaire et ont ri.

Haris a alors demandé: "Mon oncle, vous nous avez très bien expliqué. S'il vous plaît, dites-nous aussi comment nous pouvons définir l'Islam en termes simples?"

L'oncle a répondu: "L'Islam est un mot arabe dérivé du mot« salam », qui recouvre une variété de significations telles que l'acceptation, l'obéissance, la paix et la soumission. Une vie juste telle que commandée par Allah dans le Saint Coran et illustrée (ou montrée) par Son dernier Messager Muhammad (que la paix soit sur lui). En d'autres termes, l'Islam est une mode de vie, où l'on doit avoir foi dans le

Tawhid d'Allah et accepter tous Ses commandements, la foi que Muhammad (que la paix soit sur lui) est le dernier messager d'Allah et vivre la vie selon les instructions de le Coran."

"Laissez-moi vous dire un fait intéressant Haris", a ajouté l'oncle. "Toutes les religions du monde ont été nommées d'après le nom de leurs fondateurs, ou le nom de la nation à laquelle elles ont été envoyées. Par exemple le christianisme tire son nom de Jésus-Christ, le bouddhisme forme son fondateur Gautama Bouddha, le zoroastrianisme de son fondateur Zoroastre, Judaïsme la religion des Juifs, du nom de la tribu Juda du pays Judée, mais l'Islam jouit d'une distinction unique car il ne transmet aucune relation de ce genre et n'appartient à aucune personne, nation ou pays particulier. Ce n'est pas un produit de l'esprit humain ou limité à un peuple particulier, c'est une religion universelle et son objectif est de créer chez ses disciples la qualité et l'attitude de l'Islam."

"Merveilleux", s'exclama Haris. Il remercia son oncle pour toutes les bonnes et utiles informations qu'il avait reçues et promit de toujours s'en souvenir et de les suivre.

QUI SONT LES PROPHÈTES OU LES MESSAGERS D'ALLAH

"Ali, je vais faire des courses, voudrais-tu venir avec moi?" Demanda la mère d'Ali.

"Non, maman. J'ai un projet d'histoire à remettre demain donc je pense qu'il vaut mieux que je reste à la maison et que je travaille dessus mais pouvez-vous s'il vous plaît m'apporter un paquet de chips?" Demanda Ali.

"Toujours de la malbouffe!" S'exclama la mère d'Ali.

"Quel est le projet sur lequel tu travailles, Ali? Puis-je t'aider?" Demanda le père d'Ali.

"Nous étudions l'histoire humaine ancienne. Comment vivaient les gens dans l'ancien temps, etc. et je trouve cela très intéressant", a déclaré Ali.

"Alors qu'est-ce que vous avez appris à ce sujet?" Demanda le père d'Ali.

"Jusqu'à présent, nous avons appris que l'histoire humaine peut être divisée en quatre périodes: l'âge de pierre, l'âge du cuivre, l'âge du bronze et l'âge du fer, l'âge dans lequel nous vivons maintenant. Nous avons également appris que nous pouvons diviser l'histoire humaine en trois périodes depuis la création du premier homme: la première période commence avec Adam et se termine avec la naissance de Jésus. La deuxième période commence à partir de là et dure jusqu'à mille ans et la troisième période a commencé il y a environ mille ans jusqu'à ce jour."

"Merveilleux. Tu en sais déjà beaucoup." Le père d'Ali semblait impressionné.

"C'est peut-être le cas, mais je veux savoir que puisque les gens vivaient différemment à différents âges, Allah continua à envoyer Ses messagers de la même manière et aussi quel était le besoin d'envoyer des messagers? Les gens n'auraient pas pu vivre sans eux?" Demanda Ali.

"Quand Allah a créé l'homme, Il a aussi dû envoyer Ses messagers de temps en temps pour que les gens puissent être guidés vers la vérité et donc vivre une vie pure. L'autre raison d'envoyer des messagers était de donner aux gens la connaissance d'Allah et de Ses commandements et comment les mettre en pratique. Tous les prophètes d'Allah ont transmis le message d'Allah non seulement en les racontant verbalement mais aussi en agissant sur eux. Nous n'avons pas été créés pour manger, boire et reproduire car même les animaux font cela. Le but principal de notre création est de reconnaître Allah et de Lui donner la servitude, ainsi la mission principale des prophètes était de dire aux gens d'adorer Dieu et de vivre leur vie selon ses commandements."

"Alors, les prophètes et les messagers d'Allah sont la même chose?" Demanda Ali.

"Oui, ils sont tous les deux pareils et il est important de savoir que tout ce que les prophètes ont dit aux gens venaient tout d'Allah. Les prophètes n'ont jamais dit aux gens quelque chose qui n'était pas d'Allah, donc il est important que les gens fassent ce que les prophètes ont dit et fait."

"Est-ce qu'Allah a envoyé Ses prophètes aux different peuples?" Demanda Ali.

"Oui, chaque prophète a été envoyé à son peuple particulier pour leur rappeler la nécessité d'adorer un seul Dieu."

"Combien de prophètes ont été envoyé Allah sur cette terre?" Demanda Ali.

"Nous croyons qu'Allah a envoyé 124 000 prophètes à l'humanité depuis la création de l'homme mais le Coran en mentionne seulement quelques-uns par leurs noms comme Hazrat Adam qui fut aussi le premier homme, Hazrat Nuh dans l'Arche de Noé, Hazrat Ibrahim, Hazrat Musa (Moïse), Hazrat Dawood (David), Hazrat Issa (Jésus) et Hazrat Muhammad (que la paix soit sur lui).

"124 000 prophètes! C'est un nombre impréssionant de prophètes. Pourquoi Allah a-t-il envoyé tant de prophètes?" Demanda Ali.

"Allah a envoyé un prophète à chaque tribu parce qu'après la mort d'un prophète il y avait une chance que le message d'Allah soit déformé ou change. Beaucoup de choses inutiles ajoutées et les choses nécessaires enlevées. Comme au début, il n'y avait pas de moyens fiables d'enregistrer le message d'Allah, sauf dans la mémoire des gens, il était donc nécessaire de continuer à envoyer des prophètes pour rappeler aux gens le but de leur création. De plus, il n'y avait pas de communication entre les tribus dans les temps anciens comme c'est le cas maintenant, donc chaque tribu a été envoyé un prophète afin qu'ils puissent comprendre le but de leur existence. "

"Y a-t-il eu plus d'un prophète en même temps?" Demanda Ali.

"Oui, il y a eu plus d'un prophète en même temps, par exemple Hazrat Shoaib, Hazrat Musa et Hazrat Haroon étaient prophètes à la même époque. Hazrat Haroon et Hazrat Musa étaient frères."

"Très intéressant. Et ont-ils tous prêché la même chose? Je veux dire étaient-ils tous musulmans?" Ali demandé.

"Oui, ils étaient tous musulmans et ils prêchaient tous la même chose. C'est de suivre les ordres d'Allah et de l'adorer."

"Est-ce qu'Allah envoie maintenant ses prophètes?" Demanda Ali.

"Non, Hazrat Muhammad (que la paix soit sur lui) était le dernier messager qu'Allah a envoyé parce qu'il est venu à un moment où les gens pouvaient enregistrer de manière fiable et irréprochable le message d'Allah et le communiquer entre eux aussi. Tous les messages d'Allah que Hazrat Muhammad a reçus par l'intermédiaire d'Ange Gabriel sont enregistrés dans le Coran. De nombreuses copies du Coran original ont été faites et distribuées aux gens partout dans le monde. Le Coran a été traduit en plusieurs langues afin que tout le monde puisse comprendre son message. De plus, tout ce qu'Allah veut que les gens fassent est donné dedans.

"Si Hazrat Muhammad est le dernier messager d'Allah alors je devrais en savoir plus sur lui et le message qu'il a donné mais maintenant je dois compléter mon projet d'histoire. De plus, si mes devoirs ne sont pas terminés avant que maman ne vienne, elle ne me donnera pas mes chips." Sourit malicieusement Ali.

"Le week-end prochain, quand nous aurons plus de temps, je vous parlerai de notre Cher Prophète Muhammad (que la paix soit sur lui)." Promis le père d'Ali.

NOTRE PROPHÈTE BIEN-AIMÉ
MUHAMMAD (que la paix soit sur lui)

C'était un week-end et comme le père d'Ali avait promis de parler à Ali au sujet de notre Prophète Muhammad (que la paix soit sur lui), il demanda à Ali s'il avait fait ses devoirs et s'il avait le temps.

"Je dois sortir avec mes amis pour le football mais j'ai un peu de temps avant cela donc je pense que c'est une bonne idée si vous me dites quelque chose sur le Prophète Muhammad (que la paix soit sur lui) avant que mes amis viennent me chercher."

"Oui pourquoi pas. Comme tu le sais déjà, le Prophète Muhammad (PSL) était le dernier messager d'Allah, donc il est aussi connu comme le «Sceau des Prophètes». Il a été nommé Ahmed à la naissance mais son grand-père Hazrat Abdul Mutalib, l'a appelé Muhammad. En fait, Ahmed et Muhammad ont le même sens et viennent du mot arabe 'hamd' qui signifie louange. Mais nous ne l'appelons jamais juste Ahmed ou Muhammad parce que tous les musulmans croient qu'il est digne de notre respect le plus profond, donc nous disons soit Hazrat Muhammad, Prophète Muhammad, Rasool Pak, Rasool Allah ou simplement Huzoor et nous envoyons toujours la paix sur lui et tous les autres prophètes chaque fois que nous mentionnons leurs noms parce que tous les prophètes d'Allah méritent la révérence."

"Quand et où est né Huzoor?"

"Il est né en 570 AD à la Mecque, en Arabie Saoudite. Sa date de naissance exacte n'est pas connue mais les musulmans croient qu'il est né un lundi le 12ème jour du 3ème mois islamique de Rabi ul Awal."

"Qui étaient ses parents?" Demanda Ali.

"Le nom de son père était Abdullah et il est mort environ deux mois avant la naissance de son fils. Sa mère s'appelait Aminah et elle mourut quand Huzoor n'avait que six ans."

"Oh, c'est si triste. Alors qui l'a élevé après la mort de sa mère?"

"Son grand-père paternel, Abdul Muttalib, mais quand Huzoor n'avait que huit ans, il est également décédé et ensuite son oncle paternel, Abou Talib a pris soin de lui."

Alors, à quoi ressemblait l'enfance de Huzoor? Était-il vilain comme les autres enfants?

"Non, il n'était pas un vilain enfant. Il ne plaisantait jamais, ni ne se disputait ni ne se battait avec qui que ce soit et il n'utilisait jamais un langage grossier."

"Est-ce qu'il est allé à l'école?"

"Non, il n'est pas allé à l'école."

"Alors qu'a-t-il fait toute la journée?"

"Eh bien, il avait l'habitude de garder les moutons ce qui était très commun pour les jeunes garçons en Arabie à cette époque. Plus tard, quand il a été un peu plus âgé, il a commencé à faire du commerce. Il était très connu pour son honnêteté en tant que commerçant et les gens le respectaient pour cela. Il n'a jamais trompé personne et il a toujours tenu parole et c'est ça qu'il soit connu comme Sadiq (véridique) et Ameen (digne de confiance)."

"Est-ce que Huzoor aimait les enfants?" Demanda Ali.

"Oh, il les a aimés! Les enfants l'aimaient aussi parce qu'il était toujours si doux avec eux."

"Alors comment a-t-il découvert qu'il était un prophète d'Allah?"

"C'est une très bonne question. Il ne le savait pas avant l'âge de quarante ans. Depuis qu'il était jeune, Huzoor avait l'habitude d'aller méditer dans une petite caverne appelée Hira dans une montagne près de La Mecque. Un soir alors qu'il méditait là-bas, Ange Gabriel lui est apparu et lui a dit cela. L'ange Gabriel lui a également dit qu'il devrait dire à tout le monde qu'il était un prophète d'Allah. Huzoor a été invité à mémoriser tout ce que l'ange lui avait dit et ensuite il devait demander à quelqu'un de l'écrire car Huzoor lui-même ne savait ni lire ni écrire. C'était le début de la révélation du Coran.

"Huzoor n'avait-il pas peur de voir l'ange et qu'est-ce qu'il a fait après ça?"

"Oui, il avait très peur alors il est descendu et est rentré chez lui et a dit à sa femme, Hazrat Khadija (qu'Allah soit satisfait d'elle) à propos de cette expérience."

"L'a-t-elle cru?"

"Absolument! Elle n'avait aucun doute que son mari était un prophète d'Allah et qu'il avait reçu sa première révélation."

"À qui d'autre l'a-t-il dit?" Demanda Ali.

"Il a dit à ses amis et à ses proches. Son ami Hazrat Abu Bakar Siddiq et un jeune homme Hazrat Ali et ils sont tous les deux immédiatement devenus musulmans."

"Est-ce le même Ali après qui tu as gardé mon nom?"

"Oui, c'est après lui qui nous t'avons nommé."

"Maintenant, je suis très heureux que vous ayez gardé mon nom Muhammad Ali. Ils étaient tous les deux de grands hommes."

Le père d'Ali sourit et continua: "Tout le monde ne le croyait pas. En fait, beaucoup de gens ne le faisaient pas parce qu'il contestait les pratiques mauvaises et populaires des Mecquois à cette époque et ces derniers ne l'aimaient pas, spécifiquement les riches Mecquois parce que Huzoor prêché l'égalité et la justice. Les Mecquois de l'époque ne traitaient pas bien et gentiment les femmes, les esclaves et les pauvres. Ils n'avaient aucun droit et étaient à la merci de leurs riches maîtres. Huzoor a demandé leurs droits. Les Mecquois se sont sentis menacés et à la suite de cela, ils ont commencé à faire des plans pour tuer Huzoor."

"Oh mon Dieu! Qu'est-ce que Huzoor a fait alors?"

"Eh bien, il a reçu un signe d'Allah qu'il devrait quitter La Mecque et émigrer à Médine, qui est à environ 400 kilomètres de la Mecque. Alors il l'a fait. Cette migration est connue sous le nom de Hijrat en l'an 622 et c'est la première année du calendrier islamique."

"J'espère que les gens de Médine l'ont traité gentiment?"

"En effet, ils l'ont fait. Ils étaient très accueillants et beaucoup d'entre eux se sont convertis à l'islam très rapidement. Le dernier lieu de repos d'Hazoor est également à Médine. Il a aimé la ville de Médine."

À ce moment, la sonnette retentit et la mère d'Ali annonça que les amis d'Ali étaient venus le chercher.

Le moment n'aurait pas pu être plus parfait. "Merci papa de m'avoir parlé de Huzoor. C'était un homme génial!" S'exclama Ali et se précipita pour saluer ses amis.

POURQUOI ISLAM EST LA SEULE RELIGION VRAIE?

Maryam et Alia sont de très bons amis et passent souvent du temps ensemble le week-end et pendant les vacances. Ils vont aussi ensemble pour les cours du Coran et échangent leurs points de vue sur la religion. Un jour, Maryam est revenue à la maison d'Alia après le cours de Coran parce que son père a dit qu'il viendrait la chercher, car il devait aussi prendre le petit frère de Maryam dans sa pratique de football. Le père d'Alia aidait la mère d'Alia dans la cuisine mais quand les filles sont venues, la mère d'Alia lui a demandé de tenir compagnie aux filles.

Maryam et Alia discutaient de leur leçon du Coran et le père d'Alia participait à la discussion.

"Papa, comment savons-nous que l'Islam est la seule vraie religion parce que toutes les religions prêchent de bonnes choses et les croyants de toutes les autres religions pensent que leur religion est la bonne?"

"Vous avez raison. Toutes les religions enseignent de bonnes choses comme l'honnêteté, la compassion, l'équité, l'intégrité, etc, mais ce que nous devons demander, c'est pourquoi avons-nous besoin de la religion? Une personne ne peut pas tout comprendre de la vie en utilisant son intellect seul. Les gens ont besoin de conseils dans la vie et cette guidance vient d'Allah à travers Ses messagers sous la forme de Wahi (révélation). Tout comme un œil a besoin de lumière pour voir, notre intellect a besoin de conseils pour vivre une vie pure. Sans cette orientation, les gens prendraient des années pour apprendre de leurs expériences, mais si quelque chose vient directement d'Allah, alors seulement nous savons que c'est la bonne chose. L'Islam est la seule religion qui donne aux gens cette orientation, non seulement sur la façon de prier mais aussi sur la façon de se comporter dans différentes situations sociales. En bref, l'islam

offre un code de vie complet, un manuel sur la façon de vivre une vie morale et aucune autre religion n'offre cela.

"Donc l'Islam est plus qu'une simple religion?" Demanda Maryam.

"En effet, il ne s'agit pas seulement de rituels. Toutes les religions disent à leurs croyants que l'Islam va au-delà des rituels. C'est une religions qui nous guide pleinement sur tous les aspects de la vie: manger, dormir, marcher, parler, s'habiller, etc, sur la façon de mener nos vies dans notre vie individuelle et collective, dans la famille et les affaires, etc. Aucune autre religion n'offre ce genre de conseils approfondis parce qu'au fil des ans toutes les religions ont été déformées de leur origine. Les enseignements ont été mélangés à la suite d'une interférence humaine. L'Islam est la seule religion qui se trouve dans sa forme pure parce qu'Allah a promis de prendre soin du Coran lui-même donc tout ce qui est écrit dans le Coran est en effet d'Allah."

"Maintenant, je comprends la différence entre l'Islam et les autres religions. Je m'interrogeais à ce sujet." Dit Alia.

"Alors, comment devrions-nous nous comporter avec les gens des autres religions?" Demanda Maryam.

"L'Islam nous enseigne de traiter les gens des autres religions avec respect. Allah interdit aux musulmans de se disputer avec des gens qui ne croient pas en l'islam. S'ils disent quelque chose de mauvais à propos de l'Islam, alors vous devriez juste vous lever et partir et une fois que l'autre personne aura cessé de parler mal de l'Islam, alors vous devriez revenir. Vous avez peut-être remarqué que pendant les sessions de l'Organisation des Nations Unis, si l'ambassadeur d'un pays n'aime pas ou n'est pas d'accord avec ce qui se dit sur son pays, il quitte simplement la session en montrant son mécontentement." De même, nous devrions simplement "sortir" si nous n'aimons pas ce qu'on dit de l'Islam."

"C'est une chose tellement logique à faire", a déclaré Alia.

"Oui, l'Islam est une religion très sensible. Tout a un sens dans l'Islam", a déclaré le père d'Alia.

À ce moment-là, la mère d'Alia leur apporta du jus et des sandwichs et tous la remercièrent pour cela parce qu'ils avaient vraiment faim.

POURQUOI NOS PRIÈRES NE SONT-ELLES PAS RÉPONDUES?

La famille Malik était assise devant la télé, regardant le match de cricket du Pakistan qui jouaint contre l'Australie. L'atmosphère était chargée parce que le Pakistan n'avait besoin que de quelques points pour remporter le match. Omar priait haut et fort pour la victoire du Pakistan alors que Saleh, Hussain et Laiba priaient dans leur cœur. Hélas! Le Pakistan n'a pas remporté le match. Le clan Malik était très déçu.

"J'ai tellement prié pour le Pakistan de gagner le match, alors pourquoi Allah n'a-t-il pas répondu à mes prières?" S'est plaint Omar.

"J'ai aussi prié", a déclaré Saleh.

"Moi aussi", a déclaré Laiba.

"Eh bien, toutes nos prières ne sont pas toujours répondues", a déclaré le père d'Omar, M. Malik.

"Pourquoi pas? Comment se fait-il que certaines de nos prières reçoivent une réponse alors que d'autres non?" A demandé Saleh.

"Laissez-moi vous expliquer pourquoi nos prières ne sont parfois pas répondu. En fait, le mot à utiliser ici n'est pas prières mais supplications. Nous supplions Allah pour quelque chose qu'il peut accorder mais il y a certaines conditions qu'une personne doit d'abord remplir avant qu'Allah ne lui accorde son vœu. La première et la plus importante condition est de faire tous les efforts possibles pour accomplir cette tâche. Par exemple, si vous avez un examen pour lequel vous n'avez pas étudié et que vous priez Allah pour que vous obteniez un A, cela ne se produira pas, donc la première condition est d'étudier dur et c'est vrai pour tout le monde. Allah a fait certaines lois, et ceux qui suivent ces lois ont du succès alors que d'autres ne le font pas, peu importe combien ils prient, ne sont pas."

"Mais l'équipe pakistanaise s'est entraînée dur pour ce match et tous les Pakistanais ont prié pour eux. Les habitants de La Mecque et de Médine ont aussi prié pour eux et Allah ne rejette pas les prières des gens dans ces lieux saints?" Demanda Omar.

"Peut-être que l'équipe australienne s'est entraînée plus fort et plus longtemps pour ce match. Peut-être qu'ils ont fait plus d'efforts et qu'ils ont peut-être aussi prié. Le succès dépend donc d'un nombre et d'une combinaison de facteurs et pas seulement de prières", explique le père d'Omar.

"Alors quels sont ces facteurs? Je veux dire quelle est la meilleure façon de s'assurer qu'Allah répondra à nos prières?" a demandé Laiba.

"Comme je l'ai déjà expliqué, si quelqu'un suit les lois de la Nature et fait des efforts et du travail acharné, puis demande de l'aide à Allah seulement alors Allah répondra à ses prières. Comme dans la Bataille de Badr, qui fut la première bataille entre les musulmans et les Kuffaar (non musulmans), les musulmans sous la tutelle de Hazrat Muhammad (que la paix soit sur lui) se préparèrent à la bataille. Ils s'entraînèrent dur et suivirent les instructions de Huzoor, puis prié à Allah de leur donner la victoire sur les non-croyants afin qu'Allah a écouté leurs prières et leur a accordé la victoire."

"Cela signifie que même les prophètes d'Allah ont dû prier et travailler dur?"

"Absolument! Tous les prophètes d'Allah ont dû suivre les instructions d'Allah, puis ils ont prié Dieu de les faire réussir dans leur mission. Quand Allah a dit à Hazrat Nuh (que la paix soit sur lui) au sujet

---

du déluge, Hazrat Nuh a prié Allah de le sauver ainsi que son peuple de ce deluge. Allah lui a dit qu'il le sauvera de ce deluge s'il construit un grand bateau (arche) et se cache dedans. Donc Hazrat Nuh (que la paix soit sur lui) a suivi les instructions d'Allah et a été sauvé de la noyade. De même, Hazrat Musa (que la paix soit sur lui) a prié Allah de sauver son peuple de l'arrogance de Firaun (Pharaon Ramsès II), alors Allah a dit à Hazrat Musa de rester ferme face à l'opposition du Pharaon et Il lui accordera la victoire. Hazrat Musa avec son frère Hazrat Harun (que la paix soit sur lui) a fait comme ils ont été instruits par Allah et Allah leur a finalement donné la victoire sur le Pharaon. Donc, vous voyez que même les prophètes ont dû travailler dur et suivre les commandements d'Allah, puis prier pour être victorieux."

"Si le travail acharné est la clé du succès, à quoi cela sert-il de prier? Il y a beaucoup de gens dans le monde qui ne prient pas mais qui réussissent toujours", a demandé Hussain.

"Eh bien, Allah ne laisse personne perdre son dur labeur et ses efforts même s'ils ne sont pas musulmans, mais si l'on prie en faisant un travail acharné, alors les choses deviennent très faciles et le succès ou l'accomplissement est désires. En fait, lorsque les musulmans supplient, ils demandent à Allah de les guider dans la direction qui leur convient le mieux et de se rappeler que quand Allah supplie Allah après avoir fait de son mieux, alors Allah ne le déçoit pas. Une autre chose importante à retenir est que nous devrions continuer à prier Allah même si nous pensons que nos prières n'ont pas été répondues la première fois parce que ce que nous demandons n'est peut-être pas bon pour nous. Après avoir prié Allah, nous devrions simplement accepter Sa volonté et ne pas nous plaindre parce que seul Allah sait ce qui est le mieux pour nous et nous devrions simplement faire confiance à Son jugement."

"Maintenant, je sais pourquoi je ne viens pas en premier dans ma classe", a déclaré Hussain.

"Parce que tu ne pries pas?" Demanda Saleh.

"Non, parce que je prie seulement et ne travaille pas assez dur", a déclaré Hussain.

LES CHOSES QU'ALLAH A INTERDITES

Isha ne semblait pas de bonne humeur lorsqu'elle rentrait de l'école. En fait, elle était tellement en colère qu'elle a jeté son sac d'un côté et a couru vers sa chambre sans saluer ses parents. Sa mère a demandé à sa soeur Hijab quel était le problème avec elle et si les deux sœurs avaient eu une dispute."

"Non, maman. Ce n'est pas moi mais Maria. Tous les deux avaient une querelle à l'école. Je ne sais pas de quoi ils se querellaient parce qu'Isha était trop contrariée pour me le dire", a déclaré Hijab.

"D'accord, laisses-moi monter et lui demander moi-même."

"Isha chérie, lève-toi et dis-moi ce qui s'est passé. Pourquoi es-tu si contrariée?" Demanda la mère d'Isha.

"Je ne me lèverai pas! Je suis très en colère parce que Maria m'a poussée et a déformé mon nom et m'a appelée Isha Shisha. Je ne vais pas l'inviter à ma fête d'anniversaire et ne plus jamais lui parler!"

"Mais pourquoi a-t-elle fait ça? N'est-elle pas ton amie?" Demanda la mère d'Isha.

Mais avant que Isha ne puisse répondre, Hijab dit: "C'est Isha qui a commencé le tout parce qu'elle a refusé de jouer avec Maria et lui a aussi fait des grimaces."

"C'est parce que je jouais déjà avec Khadija et Arifa et Maria me harcelait pour jouer avec elle seule. Je lui ai juste dit de partir et elle s'est fâchée et m'a poussée et m'a appelée Isha Shisha. Je suis toujours gentil avec elle et je ne me moque jamais de son gros nez et de son teint sombre comme les autres filles, mais elle n'a aucun respect pour ça."

"Ce n'est pas bon de se moquer des gens ou de déformer leurs noms. Allah n'aime pas ça", a déclaré la mère d'Isha.

"Est-ce qu'Allah obtient la croix si nous déformons les noms des autres?" Demanda Hijab.

"Oui, Allah n'aime pas qu'on insulte les autres et quand vous déformez les noms des gens, c'est comme les insulter", a expliqué la mère d'Isha.

"Qu'est-ce qu'Allah n'aime pas que nous fassions?" Demanda Hijab.

"Non seulement qu'Allah n'aime pas les insultes, mais il n'aime pas les gens qui critiquent les autres ou les blâment pour avoir fait quelque chose avant d'avoir établi la vérité. Même si quelqu'un a fait quelque chose de mal, il ne faut pas l'annoncer à tout le monde. En fait, il faut essayer de cacher ses méfaits aux autres. Nous ne devrions pas non plus être méchants envers les autres ou se moquer de leurs parties du corps ou d'une autre difformité qu'ils peuvent avoir. Nous ne devrions pas non plus exagérer quelque chose que quelqu'un a fait ou dit ou que l'on soupçonne d'avoir une mauvaise opinion de vous ou de se faire une opinion à son sujet avant de lui donner une chance de faire ses preuves."

Isha et Hijab écoutaient attentivement leur mère parce que tout cela était nouveau pour eux.

"Nous devrions parler doucement aux gens et ne pas élever notre voix même s'ils ont tort. Si nous avons une discussion, alors nous devrions écouter le point de vue de tout le monde avec patience et essayer de contrer leurs arguments avec logique et ne pas imposer nos points de vue sur eux."

"Et si quelqu'un te mettait en colère?" Demanda Isha.

"La colère est notre pire ennemi parce que quand on est en colère, on peut dire ou faire quelque chose qu'on pourrait regretter plus tard."

"Alors, comment devrions-nous gérer la colère?" Demanda Isha.

"Quand on est en colère, on devrait essayer de se calmer et se rappeler qu'Allah ne l'aime pas. Pardonner aux gens pour tout le mal qu'ils vous ont fait est la meilleure façon de faire face à la colère. C'est difficile à faire mais pas impossible. C'est ce que fait les Momins. Il n'est pas conseillé d'agir sur sa colère et de punir quelqu'un lui-même parce que nous n'avons pas le droit de le faire. Seul Allah peut punir quelqu'un pour quelque chose. Nous devrions simplement nous concentrer sur l'amélioration de notre propre comportement plutôt que de mentionner les lacunes des autres."

"Maria a aussi dit qu'elle souhaitait que ma nouvelle montre que Papa m'a apporté pour mon anniversaire soit se casse, soit qu'elle soit volée. N'est-ce pas une chose méchante à dire?" Demanda Isha.

"Oui, elle ne devrait pas souhaiter cela. Cela montre qu'elle est jalouse et que ce n'est pas une bonne qualité. Si quelqu'un a quelque chose de joli alors nous devrions être heureux pour lui et ne pas souhaiter qu'il se casse ou se perde. Aussi, nous ne devrions pas parler derrière le dos de quelqu'un parce qu'Allah dit que parler derrière le dos de quelqu'un ou en leur absence est comme manger la chair de votre frère mort. Allah nous interdit aussi de trouver des fautes avec les autres ou d'en penser moins ou d'être arrogant ou fier de quelque chose que nous avons mais que les autres n'ont pas."

À présent, la colère d'Isha s'était calmée et elle semblait plus en contrôle d'elle-même.

"Demain, je vais m'excuser auprès de Maria et lui demander d'être à nouveau mon amie." Promit Isha.

"Tu es une bonne fille! Maintenant descends et prends un verre de lait", dit la mère d'Isha.

ETIQUETTES DE CONVERSATION

Saad et Samir étaient très excités parce que c'était le dernier jour d'école avant les vacances d'été et ils faisaient des plans sur la façon dont ils vont passer leurs vacances.

"Demandons à papa de nous emmener à la maison de l'oncle Ziad à Sialkot", suggéra Saad.

"Sialkot? Jamais de la vie! Il fait très chaud à Sialkot en été, je vais demander à papa de nous emmener au Cachemire chez l'oncle Tanvir. Sa maison est dans les montagnes et il y a aussi une cascade près de sa maison." Dit Samir.

"Mais il n'y a pas grand-chose d'autre à faire que de faire des promenades. Ça va être tellement ennuyeux!" A déclaré Saad.

"Non, ça ne sera pas ennuyeux . On peut faire des pique-niques , de l'équitation..."

Mais avant que Samir ne finisse sa phrase, Saad intervint. "Non, je n'aime pas l'équitation. Je veux aller à Sialkot pour pouvoir jouer avec Farhan et Farooq." Cria Saad.

Entendant les bruits leur père entra pour les vérifier.

"Calmez-vous les garçons! Pourquoi parlez-vous si fort?" Demanda le père.

"Nous faisons des plans pour nos vacances et nous ne pouvons pas nous mettre d'accord sur l'endroit où les passer", a déclaré Samir.

"Il n'y a pas besoin d'élever la voix. Ce sont de mauvaises manières", a déclaré le père.

"Mais nous ne nous battons pas", a déclaré Samir.

"Même si vous ne vous battez pas ou ne vous disputez pas, il y a certaines étiquettes de conversation et nous devrions en être conscients", a déclaré leur père.

"Vraiment? Quelles sont les étiquettes de conversation, papa?" Saad a demandé.

"Pour commencer, il ne faut pas élever la voix en parlant aux autres, car parler fort peut déclencher une discussion."

"Même si on est en colère, on ne peut pas parler fort?" Demanda Samir.

"Surtout quand on est en colère parce que cela peut empirer les choses. L'autre chose à garder à l'esprit est d'écouter attentivement ce que l'autre personne dit et de ne pas l'interrompre au milieu de sa phrase. On devrait aussi parler de sens et ne pas discuter pour le bien de l'argument. Si nous ne sommes pas d'accord avec ce que dit l'autre personne, nous devrions le leur dire poliment, puis donner notre propre point de vue sur le sujet sans nous énerver. Il est également impoli de se moquer des gens s'ils ont des problèmes de langage ou s'ils bégaient. Nous devrions être patients avec ces personnes qui ont de telles lacunes."

"Mon ami Rehan bégaie et ça a l'air si drôle", a déclaré Saad.

"Cela peut vous sembler drôle mais imaginez ce qu'il ressent quand vous riez de quelque chose sur lequel il n'a aucun contrôle. Ce n'est pas drôle pour lui. Nous devrions toujours nous mettre dans la position de l'autre et ensuite voir comment cela pourrait se sentir et si vous pensez que les gens trouvent votre discours drôle mais si vous n'aimez pas qu'ils se moquent de vous, alors vous devriez aussi ne pas rire des autres quand ils bégaient.

"Nabil parle mal l'anglais et c'est hilarant. Nous aimons tous quand il parle anglais. Il ne comprend pas pourquoi nous sourions. "Dit Samir.

"C'est aussi de mauvaises manières parce que c'est comme se moquer de ce qu'il dit."

"Quoi d'autre devrions-nous garder à l'esprit en parlant?" A demandé Saad.

"L'autre chose importante est de faire attention à notre choix de mots. Nous ne devrions pas utiliser des mots qui peuvent blesser l'autre personne et nous ne devrions certainement pas maudire ou utiliser un langage grossier. Une autre chose que les gens ne font pas attention est qu'ils vont parler de quelque chose de malveillant sur quelqu'un sans d'abord vérifier la vérité de celui-ci. C'est un péché! Nous ne devrions pas propager des potins malveillants, même si c'est vrai. Nous devrions éviter les ouï-dire parce que c'est ainsi que commencent les rumeurs. Exagérer ou minimiser ce que quelqu'un a dit pour marquer un point est également faux. Nous devrions toujours rapporter la vérité et éviter de la colorer ou de la mélanger avec du mensonge. "

"Notre professeur d'Islamiyat disait que nous devrions être civilisés les uns avec les autres en parlant. Que signifie être civil?" A demandé Saad.

"Être civil signifie se respecter les uns les autres et être civil dans la conversation signifie se parler les uns aux autres avec respect et ne pas être arrogant à propos de notre supériorité sur le langage ou les idées."

"Nous ne devrions pas non plus parler inutilement ou se méfier des intentions des autres ou d'essayer de voir plus dans ce qu'ils disent.

De même, nous devrions parler très clairement pour que l'autre personne n'ait aucune difficulté à nous comprendre. Si l'on parle ouvertement, il n'y a pas de malentendu."

"Notre Prophète Muhammad (que la paix soit sur lui) a-t-il observé toutes ces règles de conversation?" Demanda Samir.

"Absolument! Il avait les meilleures manières. Même dans son discours, il observait ce qu'Allah avait voulu que les gens gardent à l'esprit quand ils parlaient aux autres, donc il est important que nous gardions à l'esprit toutes ces choses afin qu'Allah soit satisfait de nous. "

"Maintenant, je vais essayer de garder tout ça à l'esprit quand je parle aux autres et ne pas me moquer de Nabil quand il bégaie." Promis Saad.

"Et je ne vais pas me moquer de l'anglais de Rehan." Promis Samir.

"Vous êtes tous deux bons garçons et je vous emmène au Cachemire pour les vacances d'été et à Sialkot pour les vacances d'hiver. Est-ce un marché?"

"Oui!" S'exclamèrent Saad et Samir.

TOUS LES MUSULMANS SONT ÉGAUX.

"Pourquoi ne sommes-nous pas Chaudhry?" Ayesha a demandé à son père dès qu'elle est entrée dans la maison.

"Qu'est-il arrivé? Pourquoi me demandes-tu cela?"

"Parce que mon amie Faiza est très fière d'être une Chaudhry. Elle dit que Chaudhry est une caste supérieure. Est-ce vrai? Pourquoi ne sommes-nous pas Chaudhrys? Pouvons-nous changer de caste et devenir Chaudhry aussi. Qu'est-ce que la caste? "

"Attends! Je vais tout t'expliquer", a déclaré le père d'Ayesha.

Pendant ce temps, la petite sœur d'Ayesha, Hajra, et le jeune frère Qasim sont également entrés dans la pièce.

"La caste est un système de division sociale basé sur certaines caractéristiques communes comme au Pakistan nous avons les Chaudhrys, les Maliks, les Awans, les Rajas, les Qureshis, etc. Ils partagent des caractéristiques culturelles communes comme le langage, les croyances et les normes. Aucune caste n'est supérieure ou inférieure à une autre. Tous les êtres humains sont égaux en termes de caste et ils méritent tous d'être traités avec respect. Allah a dit cela dans le Coran que parce que nous sommes tous des descendants d'Adam. Peu importe notre race ou notre religion, nous sommes tous égaux. Personne n'est supérieur à un autre simplement parce qu'il est né dans une certaine famille. Ces choses sont sans conséquence dans l'Islam. Ce qui compte, ce sont les actes moraux de la personne et sa Taqwa, qui est la conscience de Dieu, croyant qu'Allah a le contrôle sur tout."

"Mais Faiza disait que le Coran parle des castes", a déclaré Ayesha.

"Oui, on parle de personnes divisées en nations et tribus mais c'est seulement pour que nous puissions nous reconnaître les uns les autres. Le Coran dit aussi que les seules personnes qui sont supérieures aux autres sont celles qui sont plus pieuses que les autres. Notre Saint Prophète (que la paix soit sur lui) a également dit dans son dernier sermon que les Arabes n'ont aucune supériorité sur les non-Arabes, et que les Blancs n'ont aucune supériorité sur les noirs. Tous les hommes et les femmes sont créés égaux. Il (que la paix soit sur lui) appartenait à la tribu de Quresh, qui était considérée comme une tribu influente en Arabie à cette époque et il a arrangé un mariage d'un de ses cousins avec Hazrat Zaid qui était un esclave. En ce faisant il a prouvé à tout le monde que tous étaient égaux."

"Si tout le monde est égal alors pourquoi les gens sont-ils divisés en différentes tribus et nations?" Demanda Hajra.

"C'est pour des raisons pratiques seulement. Ce serait très déroutant si tout le monde était Khan ou Khawaja. On ne pourrait pas dire de quelle famille parlait l'autre. Mais cela ne signifie nullement que les Khans sont supérieurs aux Khawajas. Encore une fois, ce qui compte, c'est la piété. Par exemple Shahrukh Khan ou Amir Khan peuvent être très populaires et leurs fans peuvent les aimer et les admirer mais s'il y a un non-Khan ou quelqu'un d'autre, qui n'appartient pas à une caste influente, mais qui est plus pieux qu'eux dans le les yeux d'Allah, il est meilleur que Shahrukh Khan et Amir Khan."

"Quelle est la différence entre les chiites et les sunnites parce que j'ai vu sur Facebook que certaines personnes écrivent qu'ils sont des musulmans sunnites et que certains disent qu'ils sont des musulmans chiites? Sommes-nous chiites ou sunnites?" Demanda Qasim.

"Je pense que tu passes trop de temps sur Facebook Qasim! Cette division n'est pas d'Allah . Dans l'Islam il n'y a qu'un seul type de

Musulman, qui craint Allah et suit Ses commandements et Il nous ordonne de traiter tout le monde également et de ne donner à personne plus d'importance parce qu'il appartient à un certain secte. En fait, Allah interdit sévèrement aux gens de le faire. Le Prophète Muhammad que la paix soit sur lui) est allé jusqu'à dire que ceux qui créent des sectes parmi les musulmans ne sont pas l'un d'entre nous. Cela signifie qu'ils ne sont pas musulmans. Par conséquent, nous devrions seulement dire que nous sommes musulmans et non pas chiites ou sunnites."

"Maintenant, si Faiza se vante d'être un Chaudhry, je ne vais pas être impressionné et juste l'ignorer", a déclaré Ayesha.

"Et si quelqu'un me demande si je suis chiite ou sunnite, alors je dirai que je suis juste musulmane" dit Qasim

TRAITEMENT DE NON MUSULMANS

Zohaib était très heureux parce que son oncle, M. Tahir, les visitait de Norvège. M. Tahir avait apporté beaucoup de chocolats pour Zohaib, qu'il avait partagés avec ses amis à l'école. Les amis de Zohaib voulaient aussi rencontrer M. Tahir et savoir quelque chose sur la Norvège parce qu'ils n'avaient jamais rencontré de Norvège auparavant, alors il fut décidé qu'un jour après l'école, les garçons viendraient chez Zohaib pour rencontrer son oncle.

"La Norvège n'est pas seulement l'un des plus beaux pays du monde, mais aussi l'un des plus prospères. La Norvège est une terre de glaciers glorieux et de grands fjords. Il a des îles côtières rocheuses et de nombreux villages pittoresques en bois. On peut faire la randonnée pédestre, du vélo et du rafting en été, du traîneau à chiens, du ski et de la motoneige en hiver." Dit M. Tahir en pleine effervescence.

"Quelle est la population totale de la Norvège et combien de musulmans y vivent?" Demanda Sikander.

"La population totale de la Norvège est environ 5 millions et environ 1.5 million sont musulmans. Il y a environ 30 000 Pakistanais et l'Islam est la deuxième religion la plus pratiquée. Dans la capitale norvégienne Oslo, il y a beaucoup de belles mosquées où les musulmans peuvent aller et prier quand ils le veulent. Il y a de grandes congrégations dans ces mosquées pour les prières du vendredi et de l'Eïd et d'autres festivals musulmans importants. Les musulmans sont libres de pratiquer l'islam. L'État ne les empêche pas de le faire."

Les garçons écoutaient très attentivement M. Tahir.

"Est-ce que les musulmans et les non-musulmans s'entendent bien les uns avec les autres?" Demanda Alim.

"Les musulmans et les non-musulmans vivent en harmonie. Ils se traitent les uns les autres avec respect et tolérance. Quand c'est l'eïd, nos amis norvégiens nous saluent et de la même manière quand c'est Noël nous leur envoyons des cartes de Noël et s'ils sont des amis proches, nous leur envoyons aussi des cadeaux."

"Que dit l'Islam sur les relations entre musulmans et non-musulmans?" demanda Naeem.

"Puisque l'Islam est une religion de miséricorde et de justice, les musulmans croient qu'il n'est en aucun cas permis à un musulman de maltraiter un non-musulman. Les musulmans ne devraient pas commettre d'agression contre eux ou les effrayer ou les terroriser ou voler leur richesse ou les priver de leurs droits. Les musulmans croient qu'il leur est obligatoire d'honorer les accords conclus avec des partis non musulmans. Si un musulman a accepté ses conditions lorsqu'il a demandé la permission d'entrer dans son pays (c'est-à-dire un visa) et qu'il a promis d'y adhérer, il ne lui est pas permis de commettre des méfaits sur ses terres.

"Quel était le comportement de notre Prophète envers les non-Musulmans?" Demanda Zohaib.

"Notre Prophète (que la paix soit sur lui) était très gentil et juste envers les non-musulmans. Une fois que des hommes juifs sont venus lui rendre visite à Madinah et quand il était temps pour eux de prier notre Prophète (que la paix soit sur lui) leur a permis de prier à Masjid-e-Nabvi d'une manière juive. Un jour, un cortège funèbre d'un homme juif passa devant lui, il le défendit en signe de respect pour les non-musulmans. De plus, le Prophète visitait les non-musulmans qui étaient malades."

"Les musulmans peuvent-ils être amis avec les non-musulmans. Est-ce permis dans l'islam?" A demandé Alim.

"Il y a deux sortes de non-musulmans: l'un est de ceux qui sont les ennemis des musulmans et les maltraitent ouvertement et les détestent. Evidemment, on ne peut pas être amis avec eux et le Coran nous interdit aussi de nous associer à eux. L'autre type est ceux qui ne haïssent pas les musulmans et les traitent équitablement donc il est parfaitement acceptable de garder de bonnes relations amicales avec eux. Il y a beaucoup de musulmans vivant dans des pays non musulmans et beaucoup de non-musulmans vivant dans des pays musulmans, comment alors est-il possible pour eux de vivre en paix s'ils ne respectent pas leurs croyances religieuses? En tant que musulmans, notre devoir religieux est d'amener les non-musulmans vers l'islam et la meilleure façon de le faire est d'être un bon musulman: en ne mentant pas, ne trompant pas, ne volant pas, ne faisant pas preuve d'agressivité, etc."

"Oncle, vous avez dit que l'islam permet la liberté religieuse. Qu'est-ce que cela signifie?" A demandé Naeem.

"Cela signifie qu'il n'y a pas de contrainte dans la religion; on peut choisir quelle religion on veut suivre . Personne ne devrait forcer qui que ce soit à suivre telle ou telle religion. Il n'y a pas de punition pour quelqu'un qui ne suit pas l'Islam. Le devoir de notre Prophète Muhammad (que la paix soit sur lui) était seulement de délivrer le message de la vérité et pas plus. L'Islam nous interdit de mutiler ou de détruire les lieux de culte d'autres religions comme les églises et les synagogues, même les temples. En fait, si besoin est, ces lieux de culte devraient être protégés de la destruction. L'Islam nous interdit de parler du mal des autres religions et de leurs dieux."

"Mais que se passe-t-il si un non musulman parle mal de l'islam. Que devrions-nous faire alors?" Demande Sikander.

"Le Coran dit que si quelqu'un se moque de l'Islam ou si quelqu'un parle contre l'Islam alors la meilleure chose à faire est de quitter un tel endroit et de revenir seulement quand ils ont cessé de parler mal de l'Islam."

"Oncle, j'ai entendu dire qu'en Norvège, en été, le soleil ne se couche jamais et en hiver, c'est surtout la nuit. Comment faire face à cela?" Demanda Zohaib.

"Oui, c'est très intéressant. Un quart du territoire norvégien se trouve au nord du cercle polaire et, en raison de la rotation et de la révolution de la terre, les autres pays scandinaves comme la Suède et la Finlande connaissent de longues journées en été et de très courtes journées en hiver. Le Cap Nord est considéré comme le point le plus septentrional d'Europe et le soleil ne s'y couche pas entre le 14 mai et le 31 juillet. Il est donc connu sous le nom de Terre du Soleil de Minuit. Mais peu importe combien de temps les gens de ces régions mènent leur vie quotidienne selon le temps. En été, les gens vont au lit alors qu'il fait encore jour dehors et en hiver, les gens vont au travail et les enfants vont à l'école quand il fait encore noir."

"Cela semble étrange mais intéressant. Je voudrais en faire l'expérience un jour", a déclaré Sikandar.

"Eh bien, vous pouvez si vous étudiez dur et venez en Norvège pour des études supérieures. De cette façon, vous pouvez découvrir le phénomène intéressant du soleil de minuit et poursuivre un diplôme."

"Merci mon oncle de nous avoir parlé de la façon dont nous devrions traiter les non-musulmans, et aussi de la Norvège. La Norvège a l'air d'être un pays intéressant et j'espère y aller un jour", a déclaré Zohaib.

POURQUOI NE POUVONS-NOUS PAS VOIR ALLAH?

Dans une petite ville, mais une grande maison au Pakistan, vivait une gentille petite fille nommée Mashal qui aimait les animaux. Elle aimait tellement les animaux que ses parents avaient fait un petit zoo dans le jardin de leur maison où ils gardaient de petits animaux domestiqués comme des chiens, des chats, des lapins, etc., et des oiseaux comme des paons et des perroquets pour s'amuser. Mashal allait les voir dès son retour de l'école. Elle était particulièrement fascinée par les belles couleurs du paon et des perroquets. Elle jouerait avec ses animaux de compagnie pendant des heures. À l'intérieur de la maison il y avait aussi un petit aquarium avec des petits poissons brillamment colorés.

Un jour, Mashal demanda à sa mère qui avait créé de si belles créatures.

"Tout comme Allah nous a créés, Il a créé toutes les autres creatures, pas seulement les créatures mais tout le reste dans ce monde et au-delà comme le soleil, les étoiles, les montagnes, les oceans, en bref tout l'univers." Expliqua la mère de Mashal.

"Si Allah créa tout alors qui créa Allah?" Demanda Mashal.

"Eh bien, tu m'as demandé la même chose que je me demandais quand j'avais ton âge. C'est difficile à expliquer parce que tu es encore trop jeune pour comprendre ce concepte mais je vais essayer de t'expliquer le mieux possible."

"Alors, tu étais aussi curieux quand tu étais plus jeune?" Demanda Mashal.

"Tout le monde à un moment de sa vie y réfléchit. Il est naturel que l'on soit curieux de connaître l'origine de tout ce que nous voyons et de tout ce que nous ne voyons pas, mais sachez qu'ils sont là. Allah

est une existence que nous ne pouvons pas voir mais qui peut sentir sa présence dans tout ce que nous pouvons voir. Il n'est pas comme nous ou quoi que ce soit qu'Il a créé parce qu'il n'y a personne et rien de tel que Lui. Il est le créateur de tout et est donc unique. Il est présent partout. Nous reconnaissons Allah par les signes dans la nature qui pointent vers le Créateur et l'instinct humain accepte l'existence du Créateur à travers ces signes."

"Si Allah est présent partout alors pourquoi ne pouvons-nous pas le voir? Est-ce parce qu'il est très haut dans le ciel?" Demanda Mashal.

"Non, ce n'est pas qu'Allah est assis quelque part dans le ciel mais comme je l'ai dit avant, il est présent partout. Juste parce que nous ne pouvons pas le voir ne signifie pas qu'il n'existe pas, mais son existence peut être "ressentie" et non vue; par exemple nous ne pouvons pas voir l'air mais nous savons qu'il est là parce que nous pouvons le sentir. Aucune autre chose ne peut vivre sans lui; de même nous ne pouvons pas voir la chaleur et le froid, mais peut les «sentir». Il y a des ondes magnétiques que nous ne pouvons pas voir mais sachez qu'elles sont là. Nous pouvons 'sentir' la douleur mais ne pas la voir et juste parce que nous ne pouvons pas voir la douleur nous ne pouvons pas dire qu'elle n'existe pas. Une chose n'a pas besoin d'avoir une forme physique pour exister. Allah n'a pas de forme physique mais il existe et nous le savons parce que nous pouvons ressentir Son existence dans les choses qu'Il a créées. Tout dans cet univers pointe vers un Créateur et ce Créateur est Allah."

"Je ne comprends pas comment on peut connaître l'existence d'Allah à travers Ses créations?" Demanda Mashal.

"Eh bien, dans cet univers, il y a des arbres, des montagnes, des océans, le soleil, la lune, les étoiles, des animaux, des êtres humains, etc. Comment sont-ils tous arrivés? Qui a fait toutes ces choses? Est-ce qu'ils sont venus seuls? Non, ce n'est pas possible. Tout doit être 'créé' par quelqu'un ou une force et que cette force est Allah. Si nous observons les différents signes dans la nature comme la naissance des êtres humains, la rotation de la terre et des étoiles, les nuages et la pluie, la nuit et le jour, différents types de fruits et de fleurs, les grands animaux comme les baleines et des organismes microscopiques que nous ne pouvons même pas voir, ils pointent tous vers l'existence d'un Être Suprême, qui les a créés, c'est-à-dire, Allah. Rien et personne d'autre qu'Allah n'a le pouvoir de faire quoi que ce soit. Il suffit de regarder comment les êtres humains sont formés à partir d'une seule cellule, à une personne qui vit, qui respire, qui pense et qui ne sait pas comment ses fonctions corporelles se déroulent même pendant son sommeil. La façon dont le cerveau humain traite l'information et la stocke est également incroyable et ne peut être possible que si une force suprême le fait fonctionner de cette façon. Cet univers est si vaste que nous ne pouvons même pas l'imaginer, mais tout se déplace dans un ensemble et dans une direction sans que rien ne se heurte à un autre. La nuit et le jour et les saisons vont et viennent à une heure déterminée. Pensez-vous qu'il n'y a personne pour le controller. Nous ne pouvons pas contrôler ces choses, laisser des changements, si nous le voulions et c'est ce que Hazrat Ibrahim (paix sur lui) a essayé d'expliquer au roi qui prétendait être un dieu."

"Vraiment? Qui était Hazrat Ibrahim (paix sur lui) et qui était le roi qui prétendait être un dieu?" Mashal était intéressée à savoir.

"Hazrat Ibrahim (paix sur lui) était un Prophète d'Allah longtemps avant Hazrat Musa (paix sur lui). Il a vécu dans l'Irak actuel. Il avait deux fils qui étaient aussi des prophètes: Hazrat Ismail (paix sur lui) et Hazrat Ishaq (paix sur lui). Son petit-fils Hazrat Yaqoob (paix sur lui) était aussi un prophète. La Kaaba à La Mecque a été construite par Hazrat Ibrahim (paix sur lui). Pendant son temps les gens

adoraient le soleil, la lune et les étoiles et aussi les idoles. Il a essayé de leur dire comment quelque chose qui n'a pas de volonté propre ou qui peut parler ou bouger peut être dieu mais les gens n'étaient pas convaincus. Un jour, il se rendit au temple où toutes les statues étaient conservées et les brisa toutes sauf la plus grande et garda sa hache sur son épaule. Quand le roi Namrud et ses gens ont vu les statues brisées, il était très en colère et a demandé à Hazrat Ibrahim (paix sur lui) s'il l'avait fait. Il leur a dit de demander à leur plus grand dieu. À ceci ils ont répondu que le dieu était fait de pierre et donc ne pouvait pas parler. Hazrat Ibrahim (paix sur lui) avait fait valoir son point de vue et il leur avait dit que si quelque chose ne pouvait pas bouger ou parler, alors comment cela pourrait-il vous rapporter des profits ou des pertes, alors à quoi bon adorer un tel dieu? Quand Namrud a entendu parler de cela, il a demandé que Hazrat Ibrahim (paix sur lui) soit brûlé vif dans un feu, mais par la grâce et la volonté d'Allah, Hazrat Ibrahim (paix sur lui) a été sauvé."

"C'est tellement intéressant. Merci de me donner ces informations utiles. Vous avez répondu à beaucoup de questions que j'avais en tête concernant l'existence d'Allah. Je sais maintenant que même si nous ne pouvons pas voir Allah, il existe certainement."

CE QUE LE CORAN DIT À PROPOS D'ALLAH.

Mashal et ses cousins Abdullah et Aira étaient de retour à la maison après avoir passé une journée amusante au lac Rawal avec leurs parents. Ils étaient un peu fatigués après avoir fait du pédalo dans le lac pendant deux heures et maintenant ils voulaient juste s'asseoir et discuter. Mashal commença à raconter à Abdullah et à Aira la discussion qu'elle avait eue avec sa mère au sujet d'Allah. Abdullah et Aira étaient tous deux intéressés à le savoir parce qu'ils étaient fascinés par le fait que l'on pouvait «sentir» la présence d'Allah dans tout, même si on ne pouvait pas le voir. Ils n'avaient pas pensé à ça de cette façon auparavant. À ce même moment, la mère de Mashal est entrée et Abdullah lui demanda de leur en dire plus sur Allah.

"Que dit le Coran à propos de la croyance en Dieu?" Demanda Abdullah.

"La première chose que nous devons savoir est que le terme approprié à utiliser pour Dieu est Allah parce que c'est le nom personnel du seul vrai dieu. Rien ou personne d'autre ne peut s'appeler Allah. Ce terme n'a pas de pluriel ou de sexe. Cela montre son unicité par rapport au mot dieu, qui peut être rendu pluriel, dieux, ou féminin, déesse. Le Coran nous demande de croire en un seul Dieu, c'est-à-dire, Allah. Croire en un seul Dieu signifie que nous croyons qu'il est l'Être Suprême et qu'il est le créateur et le soutien de tout ce qui se trouve dans cet univers et les choses au-delà de cet univers. Il est unique, éternel et éternel signifie qu'il n'y a rien d'autre comme Lui; Il a toujours été et sera toujours. Même quand tout le reste mourra ou finira. Le Saint Coran parle de l'existence d'Allah. En fait, le Coran est une preuve de l'existence d'Allah parce que personne d'autre n'aurait pu écrire un tel livre. En fait, le Coran est la connexion entre nous et Allah. Le Coran nous dit de croire en Allah et de nous abandonner à Sa volonté et à Ses commandements."

"Qu'entend-on par la volonté d'Allah et si tout se passe par la volonté d'Allah, alors quel est le but de notre lutte?" Demanda Mashal.

"C'est une très bonne question et elle peut être expliquée en trois étapes. La première étape a été quand Allah a créé l'univers et à ce stade Il l'a créé comme Il le voulait. Il a créé le soleil, la lune, les étoiles, et la terre etc. La deuxième étape était quand il a créé les lois pour le fonctionnement de l'univers. Tout dans cet univers fonctionne selon ces lois et personne ne peut y apporter de changements. Par exemple, Il a donné au feu la propriété de la chaleur et à l'eau, la propriété de l'humidité et personne ne peut leur enlever ces propriétés. Puis vint la troisième étape dans laquelle Il créa les êtres humains et fit certaines lois pour eux. La seule différence entre les lois de la nature et les lois de l'homme est que, alors que la nature n'a pas d'autre volonté que celle d'Allah, l'homme est le libre arbitre, c'est-à-dire que l'homme peut choisir d'être bon ou mauvais et responsable de ses actes. Par exemple, si vous n'allez pas à l'école, n'étudiez pas et échouez ensuite aux examens, vous ne pouvez pas blâmer Allah pour cela et dire que c'est Sa volonté que j'ai échoué. Cette règle s'applique également à tous les autres aspects de nos vies."

"Si nous avons le libre arbitre, alors comment pouvons-nous bénéficier de croire en un seul Dieu dans nos vies pratiques?" A demandé Aira.

"Croire en un Dieu ne signifie pas seulement que nous acceptons Son existence, mais cela implique aussi que dans notre vie quotidienne nous devons seulement Lui demander de l'aide et quand on croit que seul Allah peut aider, on n'a besoin de l'aide de personne. Et cela nous évite d'être corrompu et malhonnête et d'essayer de plaire aux autres. Cela nous rend dépendants de Dieu et Allah dit que quiconque compte sur Lui, Il ne le décevra pas."

"Si Allah sait tout, cela signifie-t-il qu'Il a des yeux et des oreilles par lesquels Il voit et écoute tout?" Demanda Abdullah.

"Quand nous disons qu'Allah voit et entend tout, ne veut pas dire qu'il voit avec Ses yeux ou entend avec Ses oreilles mais cela signifie qu'il est conscient de tout ce qui se passe. Il n'est pas comme ses créatures parce que s'il avait des yeux et des oreilles, il serait comme sa propre création."

"Dieu a-t-il seulement un nom, Allah?" Demanda Mashal.

"Allah s'est décrit dans le Coran sous différents noms. Tous Ses noms représentent Ses attributs, par exemple, un de Ses noms est Ar Rahman qui signifie miséricordieux, puis Al Ghaffar signifiant toujours pardonner, Al Khaliq signifiant le créateur, Al Khabeer signifiant tout savoir, etc. Il y a 99 noms d'Allah et chacun de ces beaux noms représente une de ses belles qualités. Les musulmans croient que l'étude de ces noms et attributs d'Allah est l'un des moyens les plus efficaces de renforcer sa relation avec Allah."

"Comment pouvons-nous connaître les lois de l'homme?" Demanda Abdullah.

"Toutes les lois de l'homme ont été données dans le Coran et notre Prophète Muhammad (que la paix soit sur lui) a pratiqué ces lois dans sa vie quotidienne et nous devons aussi essayer d'agir selon ces lois afin qu'Allah soit satisfait de nous."

QUI EST UN MOMIN?

"Où est grand-père?" Demanda Shumail dès son retour de l'école.

"Il doit se reposer dans sa chambre. Pourquoi veux-tu le voir?" Demanda la mère de Shumail.

"C'est entre lui et moi," répondit Shumail et se précipita vers la chambre de son grand-père.

Yawar et Anusha étaient curieux de savoir ce que Shumail voulait avec Grand-père alors ils le suivirent aussi dans la chambre de grand-père.

"Assalamualaikum Grandpère."

"Qu'est-ce qui vous amène tous dans ma chambre aujourd'hui?" Surpris, grand-père demanda.

"En fait, je voulais des informations. Il y a un concours d'écriture dans mon école et j'y participe et je veux que tu m'aides à comprendre le sujet pour que je puisse écrire une bonne rédaction", expliqua Shumail.

"Quel est le sujet de la rédaction?" A demandé Grand-père.

"Le sujet est la vie d'un Momin. Pouvez-vous me dire qui est un Momin et quel genre de vie il mène?" Demanda Shumail.

"Bien sûr, pourquoi pas. Momin est un mot arabe qui signifie «croyant». Il se réfère à une personne qui se soumet complètement à la volonté d'Allah et a la foi fermement établie dans son cœur, c'est-à-dire, un musulman engagé et dévoué."

"Mais vous nous avez dit qu'un Musulman est un croyant et qu'il se soumet aussi à la volonté d'Allah. Quelle est la différence entre un Musulman et un Momin?" Demanda Yawar.

"C'est une très bonne question. La différence entre un musulman et un momin est la différence dans le niveau ou le degré de foi. Ils acceptent tous deux l'Islam comme religion, ils croient tous les deux aux Anges et au Jour du Jugement et ils suivent les rituels de l'Islam comme offrir la salat et le jeûne etc. mais un Momin est celui qui a atteint un niveau de foi supérieur (iman). C'est un vrai croyant. Il a saisi le vrai message de l'Islam et il met sa confiance en Allah complètement et sans aucune réserve (tawakkul)."

"Cela signifie donc que quand quelqu'un accepte l'Islam, il devient musulman et quand il vit sa vie selon l'Islam, il devient un Momin?" Demanda Anusha.

"C'est exacte tous les Momins sont musulmans mais tous les musulmans ne sont pas Momin."

"Quels sont les attributs d'un Momin?" Demanda Shumail.

"Un Momin est un croyant qui reste inébranlable dans des conditions défavorables parce qu'il croit qu'ils sont un test d'Allah et qu'il doit rester ferme. Il ne se plaint de rien, en fait, il montre de la gratitude à Allah même quand il traverse des difficultés. Il est patient et craint Allah. Il est chaste et pieux. Il loue Allah et surtout il croit en l'invisible, c'est-à-dire Allah, et se tourne seulement vers Allah pour son salut."

"Est-ce qu'un Momin ne fait jamais rien de mal?" Demanda Yawar.

"Bien, les Mumins sont aussi des êtres humains, ils peuvent parfois faire de mauvaises choses mais dès qu'ils se rendent compte qu'ils ont déplu à Allah, ils se repentent et demandent pardon à Allah parce

qu'ils ne sont pas arrogants et savent qu'ils peuvent commettre des péchés."

"Notre Prophète Muhammad (que la paix soit sur lui) était-il aussi un Momin?" Demanda Anusha.

"Il (que la paix soit sur lui) est le meilleur exemple d'un Momin parce qu'il a fait tout ce qu'Allah lui a ordonné de faire. Il n'a jamais dit de mensonges, n'a jamais trompé personne, n'a jamais blessé personne, il a toujours été patient et poli avec les gens. Il priait régulièrement et donnait la charité. Il a répandu sans crainte le message de l'Islam en dépit des menaces à sa vie. C'est l'essence d'un vrai croyant; pour rester ferme face à l'adversité à cause de votre foi complète et inébranlable en Allah."

"Cela signifie-t-il que tous les autres prophètes d'Allah étaient aussi Momin?" Demanda Yawar.

"Absolument!"

"Les gens ordinaires comme nous peuvent-ils aussi devenir Momin?" Demanda Shumail.

"Sans doute devenir Momin est difficile mais pas impossible. Nous pouvons au moins «essayer» d'être comme un Momin et demander à Allah de nous aider en cours de route. De cette façon, même si nous ne devenons pas Momin, nous pouvons au moins devenir un meilleur musulman."

"Je veux devenir un Momin", a déclaré Yawar.

Grand-père a ri et a dit: "Pour cela tu devras choisir la même chose pour les autres que tu choisis pour toi et pas comme l'autre jour où tu as gardé le bonbon pour toi et celui que tu n'as pas aimé pour Anusha et Shumail."

"Vraiment?" Demanda Yawar surpris.

"Vraiment! Notre Prophète a dit que vous ne pouvez pas devenir un Momin tant que vous n'aimez pas pour les autres ce que vous aimez pour vous-même. Il a également dit qu'un Momin ne dit pas ou ne fait pas des choses qui peuvent blesser les autres."

Yawar avait l'air gêné mais il promit qu'il «essaierait» d'être un Momin et de ne pas taquiner Shumail et Anusha et de leur donner les mêmes bonbons que lui.

PERSONNALITÉ EXEMPLAIRE

Ibrahim se sentait très fier et excité parce qu'il avait remporté sa toute première compétition inter-écoles. Il voulait partager la bonne nouvelle avec sa famille et surtout son grand-père qui l'avait aidé à écrire son discours.

"Grand-père, j'ai eu le premier prix dans le concours de discours!" S'exclama Ibrahim.

"C'est excellent. Je priais toute la journée pour toi."

"Vos prières et votre aide pour écrire le discours m'ont aidé à gagner cette compétition. Merci beaucoup! C'était une compétition difficile et au début j'étais très nerveux aussi mais quand j'ai commencé à parler, toute la salle s'est tue et quand j'ai fini, tout le monde a applaudi. Quand l'invité d'honneur m'a donné le prix, il m'a dit que j'avais bien parlé de la vie d'un Momin et que je devrais aussi essayer d'inculquer les attributs d'un Momin dans ma personnalité et si je le fais je peux être un modèle pour les autres." Dit Ibrahim.

"C'est un très bon conseil."

"Qui est un modèle et quel genre de personnage a-t-il?" A demandé Ibrahim.

"Un modèle est quelqu'un qui a un caractère admirable, a de bonnes manières et une morale élevée. Il est quelqu'un qui donne l'exemple d'un comportement exceptionnel à suivre pour les autres. "

"Y a-t-il des gens dans ce monde qui peuvent être des modèles pour nous?" A demandé Ibrahim.

"Oui, il y en a beaucoup mais le meilleur et le plus grand modèle pour nous est le Prophète Muhammad (que la paix soit sur lui). Le Coran dit qu'il est l'exemple ultime d'une personnalité parfaite."

"Très bien! Pouvez-vous me parler du caractère de notre Prophète et de ce que ses compagnons pensaient de lui?"

"Bien sûr. Notre Prophète (que la paix soit sur lui) était l'incarnation des bonnes manières. Il traitait toujours les enfants avec gentillesse. Il aimait leur compagnie et jouait avec eux pour les rendre heureux. Il avait un bon sens de l'humour, mais qui n'était pas vulgaire et il ne se moquait jamais de personne. Il était un amoureux de la paix et il voulait que les gens vivent en harmonie et résoudrent leurs différences sans avoir recours à la violence. Il avait l'habitude de saluer les gens en premier en disant AssalaamuAlaikum. Il avait une personnalité très agréable et saluait les gens avec un sourire et leur parlait avec douceur.

Il était très généreux et mettait toujours les besoins des autres avant les siens. Il était très soucieux des droits des femmes et a ordonné à ses disciples de donner un traitement spécial aux femmes en leur donnant le respect et l'égalité des droits. Il était très prévenant envers les orphelins et a demandé à ses compagnons d'en prendre soin. Il était non seulement attentionné envers les gens mais aussi envers les animaux et a dit à son peuple de les traiter avec gentillesse parce qu'ils étaient aussi une création d'Allah. C'était un homme modeste, généreux et altruiste."

"A quoi ressemblait-il? Je veux dire son apparence?"

"Eh bien, il était de taille moyenne, ni très court ni très grand. De même la couleur de sa peau n'était ni très claire ni très sombre mais son visage brillait comme la pleine lune. Ses cheveux n'étaient ni longs ni courts; pas droits mais pas bouclés non plus. Ses yeux

étaient noirs et ses sourcils étaient longs. Il avait un corps fort qui n'était ni mou ni très mince. En bref, il était beau et il exsudait la force et la confiance et les gens étaient en admiration devant sa personnalité."

"Donc, si je veux être un modèle pour les autres, quel genre d'attributs devrais-je avoir?" Ibrahim posa encore une autre question.

"Comme je te l'ai expliqué plus tôt, la personnalité la plus parfaite est celle de notre Huzoor (que la paix soit sur lui), donc tu dois essayer de l'imiter si tu veux établir une norme de bon caractère et de personnalité; en d'autres termes, tu dois être honnête, sincère, modeste, obéissant, travaillant dur, ponctuel, efficace, poli et doux envers tout le monde. Tu ne dois pas tromper les autres ou être paresseux. Tu ne dois pas être jaloux ou envieux les autres. Tu ne dois pas te moquer des autres et ne pas te considérer comme supérieur aux autres, surtout maintenant que tu as gagné le premier prix dans le concours de discours", sourit le grand-père d'Ibrahim.

"Mais grand-père, ça semble si difficile. C'est presque impossible!"

"Non, ce n'est pas impossible! Cela peut sembler difficile mais c'est possible. Tu peux lentement et progressivement abandonner tes mauvaises habitudes et en même temps, tu peux commencer à travailler sur tes bonnes qualités. Si l'on est déterminé à se changer pour le mieux alors Allah nous aide aussi en chemin. Cela peut prendre beaucoup de temps; parfois toute la vie, mais si tu es conscient et que tu fais de ton mieux pour t'améliorer, alors l'amélioration aura lieu et tu pourrais être une personne exemplaire que les gens admireront et respecteront."

Je vais essayer d'être une bonne personne sur laquelle les autres peuvent faire confiance et admirer. Je vais essayer d'être comme notre Prophète Muhammad (que la paix soit sur lui) et de donner du

respect aux autres afin qu'ils me respectent en retour." Promis Ibrahim.

"Tu es un bon garçon Ibrahim et j'ai confiance en toi. Je sais que tu peux être un modèle pour les autres si tu n'abandonnes pas d'essayer d'être un homme de bon caractère."

À ce moment, la mère et le père d'Ibrahim entrèrent dans la pièce, le surprenant avec son gâteau au chocolat préféré pour célébrer son succès.

www.ingramcontent.com/pod-product-compliance
Lightning Source LLC
LaVergne TN
LVHW010657200726
843507LV00011B/1911